U0800819

女性数字赋能

新媒体运营与管理

刘旸 著

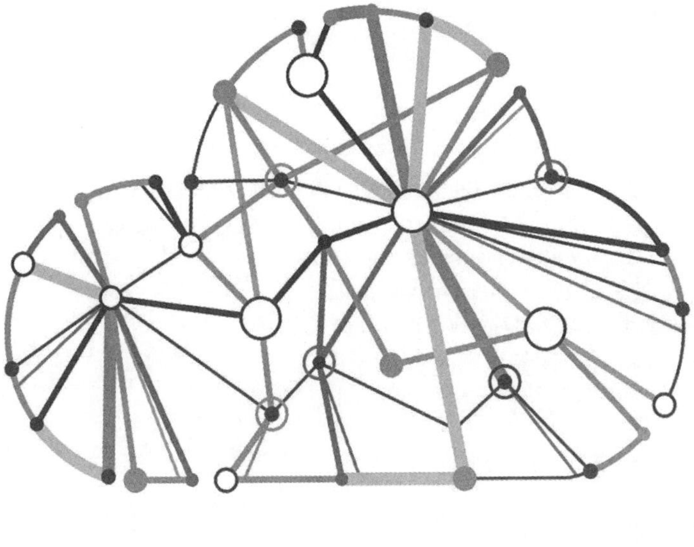

中国妇女出版社

版权所有·侵权必究

图书在版编目（CIP）数据

女性数字赋能 ：新媒体运营与管理 / 刘旸著. --
北京 ：中国妇女出版社，2024.8（2025.3重印）
ISBN 978-7-5127-2366-5

Ⅰ.①女… Ⅱ.①刘… Ⅲ.①传播媒介－运营管理－
研究 Ⅳ.①G206.2

中国国家版本馆CIP数据核字（2024）第026185号

项目统筹：万立正
责任编辑：耿 剑
封面设计：李 甦
责任印制：李志国

出版发行：中国妇女出版社
地　　址：北京市东城区史家胡同甲24号　　邮政编码：100010
电　　话：（010）65133160（发行部）　　65133161（邮购）
网　　址：www.womenbooks.cn
邮　　箱：zgfncbs@womenbooks.cn
法律顾问：北京市道可特律师事务所
经　　销：各地新华书店
印　　刷：小森印刷（北京）有限公司

开　　本：170mm×240mm　1/16
印　　张：13
字　　数：224千字
版　　次：2024年8月第1版　　2025年3月第7次印刷
定　　价：58.00元

如有印装错误，请与发行部联系

作者的话

ZUOZHEDEHUA

2023 年，中国妇女十三大之后，习近平总书记在同全国妇联新一届领导班子成员集体谈话时指出，“要加大在新经济组织、新社会组织、新就业群体等新领域建立妇联组织的力度，实现全覆盖，走好网上群众路线，夯实党执政的妇女群众基础”。

女性发展离不开媒介的力量，数字赋能是关键路径。1995 年，联合国第四次世界妇女大会在北京召开。会议通过的《行动纲领》将“妇女与媒体”列为 12 个“战略目标和行动”之一。联合国《变革我们的世界：2030 年可持续发展议程》中也强调“加强技术特别是信息和通信技术的应用，以增强妇女权能”。根据第 53 次《中国互联网络发展状况统计报告》显示，截至 2023 年 12 月，我国网民规模达 10.92 亿人，较 2022 年 12 月增长 2480 万人，其中女性网民比例为 48.8%，与整体人口中男女比例基本一致。妇联组织是“党和政府联系妇女群众的桥梁和纽带”，因此，要紧密围绕党和国家工作大局，在巩固完善传统领域组织建设的基础上，提升妇女干部新媒体运营与管理的能力，发挥妇联系统新媒体矩阵作用，密切联系群众，填补组织尚未覆盖的盲区空白，朝着“全覆盖”的目标不断迈进。这也是本书主要的写作动因所在，即加强高素质专业化妇联干部队伍建设，培养具有全球视野与新媒体运营能力的综合人才，不断增强推动妇女事业高质量发展、服务广大妇女群众的本领。

本书编写注重理论与实践相结合。笔者具有十五年媒体一线经验，长期从事媒介与女性领域的相关研究。本书从提升新媒体运营能力的工作实际出发，结合传播学、社会学、管理学等多学科理论和研究成果，主要介绍了新媒体运营概述、四大主要模块（用户运营、内容运营、活动运营、产品运营）与衍生模块，以及未来与展望。本书包含理论阐述、研究介绍、案例分析、扩展阅读等内容，以达到理论与实践相结合、科学性与可读性相结合的目的。通过阅读本书，可以有效提高新媒体从业者的理论素养和实际操作能力。

本书适用于各领域、各层级的女性干部学习培训，也可供妇联干部工作参阅。很多女性干部，尤其是基层的女性干部，往往在承担业务工作的同时兼顾着新媒体运营与管理的工作。女性干部扎根中国大地、了解中国国情，能够掌握新媒体运营与管理的技能，带动基层女性在新领域共同进步，这便是本书的最大价值所在。

目 录
CONTENTS

第三部分 新媒体运营的实践和展望

PART

1

第一部分

新媒体运营概述

在这个信息化、网络化的时代，新媒体不仅提供了高效的信息传播和接收渠道，更为人们的工作带来了全新的方式。新媒体的即时性和广泛性使信息流通效率得到极大提升，让人们能够迅速掌握关键信息，响应各种工作需求。同时，新媒体平台也为与各方实现直接互动提供了便捷的通道，从而为决策者提供实时反馈和数据支持。此外，新媒体运营中的数据分析功能使得人们对市场趋势和需求的评估更为精准，有助于更好地适应并满足市场变化。

第一章 新媒体前沿与数字赋能

在数字化时代，数字工具和技术为女性提供了更广泛的学习和创新机会。社交媒体和在线平台为女性创造了一个声音更强大、影响力更广泛的空间。无论是创业、学术研究还是艺术创作，数字技术都在为女性开创更为广阔的天地，推动女性实现自己的价值和梦想。

第一节 新媒体运营概况

一、新媒体的发展态势

在数字化时代，新媒体已经成为全球信息传播的核心。截至 2023 年 12 月，我国网民规模达 10.92 亿人，较 2022 年 12 月新增网民 2480 万人，互联网普及率达 77.5%。[①] 这种普及率的增长得益于更容易获得的计算机设备、全

① 中国互联网络信息中心：《第53次中国互联网络发展状况统计报告》，https://www.cnnic.cn/n4/2024/0322/c88-10964. html。

球各国的现代化进程以及智能手机的广泛使用。

新媒体的主要特点在于实时性、互动性和高度个性化。与传统媒体相比，新媒体能够为用户提供更加即时和定制化的内容。社交媒体的崛起使得信息传播变得更加迅速，用户不仅可以实时地接收信息，还可以与内容互动、分享自己的观点和感受。此外，大数据和人工智能技术的应用使得新媒体平台能够根据用户的行为和喜好为其推送相关内容，提高用户体验感。

可以预见的是，随着 5G、物联网和虚拟现实等技术的发展，新媒体将更加智能化和沉浸式，内容形式将更加多样，包括虚拟现实、增强现实和 3D 视频等。同时，随着用户对隐私和数据安全的关注度增加，新媒体平台也将面临更加严格的监管和挑战。

二、新媒体运营的定义与历程

新媒体运营，是通过现代化移动互联网手段，通过利用抖音、快手、微信、微博、贴吧等新兴媒体平台工具进行产品宣传、推广、营销的一系列运营手段。通过策划与品牌相关的优质、高度传播性的内容和线上活动，向客户广泛或者精准推送消息，提升用户参与度，提高品牌知名度，从而充分利用粉丝经济，达到相应的营销目的。

新媒体运营的工作内容模块主要包括用户运营、产品运营、活动运营、内容运营。其发展历史可以划分为四个阶段，每个阶段都反映了当时市场、技术和用户需求的特点。

1.2000 年以前：用户运营为主导的时期

在这一时期，新媒体还处于起步阶段。互联网的普及率不高，但早期的网民对于新鲜事物充满了好奇心。在这样的背景下，人们将新媒体的运营重点放在了吸引和维护用户上。网站的设计和功能更多地考虑用户体验，各种在线社区、聊天室和网络论坛（BBS）应运而生，这类平台注重为用户创造互动、交流的空间。

2.2000—2005 年：产品运营为主导的时期

随着技术的进步和用户数量的增加，新媒体平台间的竞争逐渐加剧。这一时期，新媒体平台开始关注如何通过产品的创新和优化来获得市场份额。例如，门户网站、搜索引擎、邮件服务等都在此期间迅速崛起。这一时期的标志是各种创新性的在线应用和服务的出现，旨在满足用户的多元化需求。

3.2005—2012 年：活动运营为主导的时期

这一时期，互联网用户已经成为一个巨大的群体，各种新媒体平台开始寻找新的方法来吸引用户的注意力和提高用户活跃度，各种在线活动、促销和营销策略如雨后春笋般涌现。比如，各种购物节、线上竞赛、互动游戏等都在此期间蓬勃发展。

4.2012 年至今：内容运营为主导的时期

内容为王，这一观点在这一时期得到了广泛的认同。随着社交媒体的兴起，用户对于高质量、有价值的内容需求越来越强烈。这也是各种内容创作者和平台崛起的时期，如短视频、博客、播客等。新媒体机构重视内容的原创性、独特性和用户的互动性，从而形成了一个繁荣的内容生态。

表 1　新媒体运营的四大主要模块

序号	模块	作用	关键点
1	用户运营（核心）	提高用户活跃度、增强用户忠诚度、促进用户增长	用户画像、反馈机制、用户生命周期管理、社区建设、个性化推荐
2	产品运营（根基）	提高产品使用率、完善产品功能、优化用户体验	需求分析、功能测试、版本迭代、数据监控、用户反馈
3	活动运营（纽带）	增加品牌曝光、推动销售、提高用户互动	目标明确、时间节点、吸引力设计、跨平台推广、效果评估
4	内容运营（手段）	吸引用户、传递品牌价值、提高用户黏性	高质量、原创性、目标受众、搜索引擎优化、多样化格式

三、新媒体运营的人才要求

新媒体运营人员需要掌握的能力主要包括以下几个方面。

一是文案写作能力。文案几乎是所有运营人员必须掌握的能力，对新媒体运营来说尤其如此。几乎所有平台都需要一篇篇好文章来吸引一大波用户，清晰的文案逻辑和思路是客观基础。

二是产品营销能力。用文章把用户吸引过来以后，我们应该如何变现？除了实打实的商品，很多时候新媒体运营人员还有打响公司品牌、推广公司产品的任务。在这个过程中，内容其实也是一种营销手段，针对不同的用户属性制订不同的营销策略，为所有的用户打造专属的内容。

三是活动策划能力。活动策划指的是线上和线下举办的拉新留存活动，就像每年的“双十一”“618”等活动。

四是社群经营能力。新媒体运营的重要一环在于社群，社群也可以说是流量池，拥有优秀的社群经营能力可以为公司创造更多有黏性的用户。

五是数据分析能力。新媒体运营的工作数据最能反映成绩，所以对于新媒体运营人员来说，数据分析能力非常重要。

第二节　数字赋能女性

一、数字时代的女性力量

随着数字技术的迅速发展和普及，女性展现出前所未有的力量和影响力，成为数字变革的重要推动者和受益者。

首先，数字技术为女性提供了更多的机会和平台来表达自己、分享经验和知识。各种社交媒体平台成为女性发声的工具，使她们能够跨越地域和文化的界限，与全球的粉丝进行互动。这不仅拓宽了女性的社交网络，也为她们提供了更多的就业和创业机会。

其次，数字技术也为女性提供了更多的学习和发展机会。在线教育、远程工作、电子商务等都使女性能够在家中或其他任何地方获得知识和技能，打破了传统的教育和工作模式对地点和场景的限制。

此外，数字技术还为女性提供了更多的权利和自由。例如，数字金融服务使更多女性能够获得金融服务，提高她们的经济地位和决策能力。数字健康技术使女性能够更好地管理自己的健康和生育，提高生活质量。

尽管数字技术为女性提供了许多机会，但也存在一些挑战。数字鸿沟、网络暴力、隐私泄露等问题都对女性构成威胁。因此，为了充分发挥数字化时代的女性力量，我们需要采取措施，确保女性能够在一个安全、公正和包容的环境中使用数字技术。

总的来说，数字化时代的女性力量是不可忽视的。女性不仅是数字技术的使用者，也是创造者和推动者。通过充分发挥女性的潜力和创造力，我们可以共同创造一个更加公正、平等和繁荣的数字未来。

二、赋能的内涵与重要性

赋能是发挥数字化时代女性力量的重要路径。赋能，英文为“Empowerment”，在社会学、心理学、管理学等多个学科中都有广泛的应用。它指的是赋予个体或团体权力和能力，使其能够对自己的生活和环境进行决策、控制和影响。这是一个过程，旨在增强个体或团体的自主性，使其能够更好地控制和塑造自己的命运。

赋能的核心在于提高自主性，鼓励和支持个体或团体参与决策过程。这通常涉及提供必要的信息和资源，以及通过培训和教育提高其技能和知识。赋能不仅是给予权力，更重要的是提供机会和环境，使个体或团体能够充分发挥潜能。赋能的重要性在于当人们感到被赋能时，他们更有可能采取主动，这有助于提高工作效率。此外，赋能还可以增强个体的自主性和责任感，促进创新和创造力的产生，增强满足感和归属感。在更广泛的社会经济层面，赋能可以帮助边缘化和弱势群体获得更多的机会和资源，从而促进社会公正和经济增长。

数字赋能是一个多维度的概念，它涉及使用数字技术和工具来增强个人和组织的各项能力，使他们能够更有效地参与和适应数字化的世界。这不仅是技术的掌握，更是一种思维方式和文化的转变。在传播学的背景下，数字赋能包括以下几个关键方面。

1. 信息获取与处理

在数字化时代，我们被海量的信息所包围。数字赋能使人们能够有效地搜索、筛选和评估这些信息。例如，当面对一个健康问题时，人们可以使用搜索引擎查找相关的医学资料、病例和治疗方法。但是，不是所有在线信息都是准确和可靠的。数字赋能训练人们识别哪些信息来源是权威的，哪些信息可能是误导性的或假的。好比对于新冠病毒的信息，人们更依赖于世界卫生组织或其他权威医学机构，而不是未经验证的社交媒体帖子。

2. 数字技能的培养

数字技能不仅是会使用电脑或智能手机，还包括了解如何使用各种应用程序、软件和在线平台。例如，一名市场营销人员可能需要掌握数字广告工具，如谷歌广告（Google Ads）或脸书广告管理器（Facebook Ads Manager），以创建和优化广告活动。一名数据科学家则需要熟悉计算机编程语言，以及数据分析工具。

3. 批判性思维

数字赋能不仅是技能培训，还包括培养批判性思维。例如，当看到一篇在线新闻报道时，人们应该问自己：这条信息的来源是什么，它的目的是什么，是否有其他来源可以验证这条信息。在假新闻和误导性信息泛滥的时代，批判性思维是保护自己不被误导的关键。

4. 数字公民身份

作为数字公民，人们需要了解自己的权利和责任，从而保护自己的隐私不被侵犯。例如，不随便分享个人信息、使用复杂的密码、定期更新软件等。同时，也要尊重他人的权利，例如，不非法下载或分享受版权保护的内容。

有些青少年在社交媒体上分享照片和信息，可能会被不法分子利用，因此青少年需要被教育如何安全地使用这些平台。

5. 创新与创造力

数字赋能鼓励人们利用技术来创新和创造。例如，艺术家可以使用数字绘图板来创作数字艺术作品，教育者可以使用虚拟现实技术为学生创造沉浸式的学习体验，企业家可以使用 3D 打印技术来制造原型或定制产品。数字工具为我们提供了无限的可能性，只要我们有创意和勇气去尝试。

三、提升女性运营的能力

数字技术为女性提供了更多的机会，新媒体运营便是其中之一。数字赋能为女性提供了必要的培训和资源，使她们能够熟练使用这些工具，从而提高新媒体运营的效率和效果。数字赋能强调了数据的重要性，通过对新媒体平台上的数据进行分析，女性可以更好地了解受众的需求和偏好，从而制订更有效的内容策略和营销策略。数字技术为内容创作提供了无限的可能性，帮助女性掌握最新的内容创作技巧和工具，使她们能够创作出更有吸引力和影响力的内容。通过数字赋能，女性可以更好地利用新媒体平台扩大影响力，无论是个人品牌还是企业品牌。掌握新媒体运营技能可以增强女性的自信心和提升自主性，当她们看到自己的努力带来的成果时，会更加相信自己的能力，并愿意继续学习和进步。此外，新媒体运营为女性提供了新的经济机会，使她们可以成为新媒体领域的专家和领导者，从而获得更高的收入和更好的职业发展机会。同时，我们也要认识到女性从事新媒体运营工作的优势和挑战，提前做好准备。

女性新媒体运营的优势体现在细致的用户洞察力、社交互动能力、多任务处理能力，以及创意和审美能力。女性通常被认为在情感智慧和同理心方面具有优势，这使她们能够更深入地理解用户的需求和感受，从而为用户提供更加贴心和个性化的内容服务。女性往往更善于建立和维护人际关系，这在新媒体运营中尤为重要，因为与用户的互动和社区建设是关键。新媒体运营需要同时处理多个任务，如内容创作、数据分析、社交互动等，女性的多任务处理能力在这方面可能会有所帮助。在内容创作和视觉设计方面，女性往往具有独特的审美和创意，这可以吸引更多的用户并提升品牌形象。

女性从事新媒体运营的挑战体现在性别偏见、潜在的网络暴力和骚扰、技术障碍等方面。尽管新媒体为女性提供了更多的机会，但在某些文化和社区中，女性仍然面临性别偏见和刻板印象，这可能会限制她们的机会和发展。女性在新媒体平台上更容易受到网络暴力和骚扰的威胁，这不仅会影响她们的心理健康，也可能会影响她们的职业生涯。虽然越来越多的女性正在进入技术领域，但在某些地区和文化中，女性仍然面临技术教育和培训的障碍。

总的来说，女性在新媒体运营中既有独特的优势，也面临一些挑战。为了充分发挥女性的潜力，通过数字为女性赋能，我们需要提供更多的支持和资源，打破性别偏见，创造一个公平和包容的环境。从实操层面，学习新媒体运营的知识就变得必不可少。

扩展阅读　新媒体与女性赋能[①]

1995 年，联合国第四次世界妇女大会在北京召开，此前我国政府颁布了第一部关于妇女发展的专门规划《中国妇女发展纲要（1995—2000 年）》。[②] 当今，我们重新审视发现：女性所处的媒介环境已经发生了深刻的变化。根据中国互联网络信息中心（CNNIC）发布第 47 次《中国互联网络发展状况统计报告》数据显示，截至 2020 年 6 月，我国网民规模为 9.40 亿人，互联网普及率达 67.0%，我国网民男女比例分别为 51% 与 49%，与整体人口中男女比例基

① 本文节选自《中华女子学院学报》2021年3月第2期刘旸撰写的《新媒体与女性赋权增能：性别传播视角下的机制、效能与反思》一文。

② 2021年，《中国妇女发展纲要（2021—2030年）》已颁布实施。

本一致。[①②] 与该报告首期数据（1997 年）网民规模 62 万以及女性网民比例 12.3% 相比，我国女性网民无论是绝对数量还是相对比例都实现了跨越式发展。与新媒体技术一日千里的现实相比，女性在网络与新媒体环境中的地位、作用和机制等相关研究还不足。本文将“赋能”的概念引入性别传播学领域，结合网络新媒体环境讨论新媒体性别赋能的发生机制与效果，对以往性别评估指标提出建议，并为政策制定和新时期女性人才培养提供建议和参考。

一、新媒体环境与女性赋能的契合性

（一）媒介环境中性别议题的产生

我国本土性别传播议题的产生和发展有着特殊的历史轨迹。在 1995 年联合国第四次世界妇女大会上，“妇女与媒体”作为 12 个重大关切领域的其中一个问题在《行动纲领》中被提出，包括两大战略目标，即“在媒体和新的通信技术内并通过媒体和新的通信技术增强妇女参加表达意见和作出决策的能力”与“促进媒体对妇女作出平衡和非陈规定型的描绘”。大会还吁请各国政府、国际社会和民间社会，改变对妇女不能平等利用和参与一切通信系统，尤其是传播媒体陈规定型的看法。自此，媒体在推动性别平等方面发挥了越来越重要的作用。

此后在 2016 年正式启动的联合国《变革我们的世界：2030 年可持续发展议程》中，新媒体与女性赋能的议题被进一步明确提出——“加强技术特别是信息和通信技术的应用，以增强妇女权能”。2020 年 10 月，国家主席习近平在联合国大会纪念北京世界妇女大会 25 周年高级别会议上的讲话中特别提到了“妇女赋权”，并强调“在我们抗击疫情和推动经济社会复苏进程中，尤其要关注妇女特殊需要，落实《北京宣言》和《行动纲领》”。2020 年 11 月，党的

① 中国互联网络信息中心：《第47次中国互联网络发展状况统计报告》，https://www.cnnic.cn/n4/2022/0401/c88-1125. html。

② 2024年3月，《第53次中国互联网络发展状况统计报告》显示，我国网民规模已达到10.92亿人，互联网普及率达77.5%，我国网民男女比例分别为51.2%与48.8%。

十九届五中全会审议通过的《中共中央关于制定国民经济和社会发展第十四个五年规划和二〇三五年远景目标的建议》，是今后 5 年乃至更长时间中国经济社会发展的行动指南。该建议中提出的“坚持男女平等基本国策，保障妇女儿童合法权益”，为后疫情时代妇女儿童事业作出了重要的制度保障。[①]

（二）概念辨析：妇女赋能、女性权能、增权

提到“妇女赋能”，我们需要了解该概念产生的背景。20 世纪 70 年代以来，女性发展的议题越来越受到人们关注，逐渐在世界范围内形成了“女性参与发展”与“社会性别与发展”两大主流研究范式。女性参与发展理论认为女性被排斥在外，而社会性别与发展理论则认为女性一直参与发展，只是需要改变原有的社会性别权力关系，才能实现性别平等，而改变的重要手段就是“赋能妇女”。

关于“赋能”的定义有很多，至今没有形成统一的结论。1976 年，所罗门提出了赋能（Empowerment）的概念，在《韦伯斯特新世界词典》（1982 年版）中，这个英文单词被定义为“赋予权力或权威，赋予能力、使能、允许”。赋能理论加入社会性别视角后，出现了使用频率比较高的两个词，即“赋能妇女”和“增强妇女能力”。有的学者认为“增强妇女自身的能力”或“妇女权能”更接近“Empower”的内涵，而有的学者则认为“妇女权能”是一个静态而非动态概念，与赋权妇女的过程相违背，因此采用“赋能妇女”的译法更为妥当。在传播学领域，还有一种翻译就是“增权”。增权与社会性别研究中的“增强妇女自身的能力”译法较为接近。部分传播学学者提出，“增权”具有主动获取的意思，而“赋能”有消极的、被动接受的含义；“增权”说明人们效能的提高不是通过法令颁布赠予的，而是利用机会改变环境后天习得的。因此，他们认为传播的价值就是为人们增权提供一种实践的工具，对女性而言具有重要的意义。因此，本书综合社会性别与传播学的交叉学科研究成果，采用赋能的表述来完整

① 2022年，党的二十大报告第三次写入“坚持男女平等基本国策，保障妇女儿童合法权益”，彰显了一以贯之的政治主张和价值追求，为实现妇女平等依法行使民主权利、平等参与经济社会发展、平等享有改革发展成果提供了根本政治保障。

体现女性主动获取媒体技术和资源，不断实践提升自我价值的过程。

（三）新媒体为女性赋能提供可能

1987 年，学者莱帕波特（Julian Rappaport）曾撰文指出，赋能的实践性使得其理论具有环境的属性，因此当我们研究的时候不仅要关注作用发生的情景、人物、时间，还要用历史性的眼光和研究方法进行评价，这也是我们强调互联网新媒体环境这一背景条件的原因。

首先，互联网的本质是社会关系的重构，这与赋能理论中的“改变权力关系”有相似之处。媒介环境学派代表人物麦克卢汉曾有一句著名的判断：媒介即人的延伸。如果说印刷品是人类眼睛的延伸，广播是人类耳朵和嘴的延伸，电视是人类中枢神经的延伸，那么互联网新媒体除了对人的改变之外，还改变了人与人之间的关系。女性在个体寻求自我价值实现的过程中与群体进行信息的交流互动，完成了更高层面的赋能与转化。这也侧面印证了社会性别与发展理论认为赋能的关键，就是改变原有的社会性别权力关系的思想。

其次，互联网提倡普惠的内在逻辑，与赋能中的“人人平等”观念一致。以区块链技术为例，人们共同参与维护新媒体环境，实现了智能合约情境下全民平等参与的时代。赋能属于广义发展传播学的范畴，发展传播学的理念之一就是提倡参与传播。人们接近传播资源，实际就是参与计划、决策和生产的全过程，具有自我管理的能力。而这在传统媒体环境中是难以实现的。

最后，互联网的使用与赋能都需要参与主体具有相应的能力。随着互联网的普及，越来越多的女性加入网络浪潮。她们只有积极学习互联网技术、参与培训，才能具备与男性平等分配资源的权力。正如刘利群教授所言：“建立新媒体与女性之间的新型关系，使传播信息和知识真正成为推动人类进步及改善女性发展环境的促进因素。”然而，赋能的理论在互联网新媒体时代的运行机制如何，对女性又将带来哪些影响还需要进一步研究。

二、新媒体为女性赋能的作用机制

（一）个人层面的赋能

从个体动机角度出发，个人层面的赋能通过提升个人达成目标的动机，让个体感受到能够控制自身生活、融入与影响周边环境的能力，包括实际控制的能力与心理控制的能力两个方面。美国社会心理学家米德在其著作《心灵、自我与社会》中提出“自我互动”的传播理论，认为社会影响个人的自我发展，个人通过象征互动维系并改造社会。这与自我赋权的思想不谋而合。

赋能的目标是使“个体有能力采取行动改善自身所处的环境”。随着新媒体技术的不断发展，新媒体用户以数字的形式在虚拟网络中存在，体力与脑力的边界越来越模糊，这为女性自我赋能带来了新的机遇。因为在新媒体环境中，无权或弱权的地位状况通过努力是可以改变的。信息技术的发展，降低了普通人使用媒介资源的门槛，尤其是一些自媒体平台的涌现加强了这一状况。新媒体用户在法律允许的范围内可以拥有一个或多个自媒体账号，并拥有数量可观的粉丝和变现能力。在某种程度上，女性在新媒体环境中获得和掌控的资源越多，反过来也会使其在心理上更加自强和自信。

（二）人际关系层面的赋能

人际关系层面，赋能产生于群体内部不同个体之间的交往过程。女性个体之间通过互动形成一定的社会关系网络，有助于增强女性的自我防范、抵御风险能力，改善周边环境。新媒体起到了加速进程的作用——打破了时空的界限。女性处在不同的网络节点上，随时随地可以连接在一起，这使得女性之间的人际沟通更加频繁，影响力更加广泛。女性群体在赋能过程中地位的提升，反过来也会改善个体成员的效能。

（三）社会参与层面的赋能

社会参与层面，赋能帮助女性持续参与、建立和维护积极的社会环境。

20世纪60年代的一场“赋权型影像”活动，开启了媒体赋能的可能。当时的一位导演与纽芬兰纪念大学成立了一个拍摄小组，通过互动电影的方式使得平时无法被社会听到的Fogo岛岛民的声音第一次被外界社会所知，最后推动政府部门改变公共决策解决岛民生存问题。这个故事中的电影就成为包括女性在内的民众赋权的工具。①

新媒体环境中女性赋能的工具更加多样化。妇联组织也在新媒体时代积极发挥着作用，逐步形成了包括微博、微信、妇联官网与“妇联通”办公平台等具有“妇”字号特色的“两微一网一平台”新媒体矩阵。以全国妇联妇女发展部在快手开设的官方账号“妇联喊你来学农”打造的系列课程为例，截至2021年1月31日，该账号粉丝已经达到34.1万。这个账号针对女性农民发布一些实用的生产生活知识，比如天然的肥料有哪些、果树的树形管理等。从这个案例可以看出，新媒体在传播中发挥了促进信息传受双方互动与赋权的作用。

另外，还需要注意两点。第一，这三个层面并不是孤立静止存在的，而是一个传播的过程。美国传播学家罗杰斯指出，这个过程从个体对话传播开始，发生于小群体之间，个体在群体组织的过程中得到赋能，大众媒介充当着重要角色也产生了很大影响。第二，正如新媒体描述的不是某一种具体的媒介形态，而是一个不断发展的状态，女性赋能也不是一个单向的过程，而是不断改变女性意识与行动的螺旋式前进的过程。

总之，以网络为代表的新媒体成为一种典型的赋能型组织和新的连接社会的力量。当个人能力得到提升时，个人生活品质、群体功能与社会环境就会得到相应的改善。这也说明赋能是一种个人、组织与社区对其周围事物获得控制的机制。

三、新媒体为女性赋能的效果

（一）激活女性个体，重视自我赋能因素

如何评估新媒体对女性的赋能效果？回顾以往国内外相关研究，我们发

① 谢进川：《试论传播学中的增权研究》，《国际新闻界》2008年第4期。

现有学者提出了赋能妇女应用的测量指标，包括六个方面：使女性拥有身心健康权，身心自主权，接受教育、掌握知识、了解信息的权利，平等工作权，平等的政治参与权，以及平等的继承权与信贷权。还有的学者通过“性别赋能量表”（Gender Empowerment Measure）来囊括女性参与政治、经济的程度与比例，女高管和女经理的比例，同工同酬状况等指标，以此来衡量某一个国家或者地区中的女性自我赋能的情况。联合国开发计划署自 1990 年以来发表了一系列人类发展报告，包括性别发展指数、性别不平等指数等。与性别传播更为相关的是媒体性别敏感指标，2012 年由联合国教科文组织发布，主要针对媒体机构和媒体内容中的性别描绘进行判定是否符合性别平等的准则。尽管这些研究积累了宝贵的经验，然而面向新媒体环境中的性别指标体系还有待完善。

过去的指标主要集中在宏观和中观层面，对微观个人的研究不足。传统媒体的参与者主要是主流媒体机构，个人只是被动的参与者。新媒体技术激活了包括女性在内的每一个人的自主性，研究个体如何通过新媒体进行自我赋能成为下一阶段指标评估的要点。赋能可以提高个体或群体的能力，帮助他们变得卓越，这正是我们探讨新媒体与性别传播的目的所在。女性个体通过学习新媒体技术提升生存技能的同时，也增加了她们工作生活的动力和信心，因此考核个体的指标不仅要包括新媒体硬件设备和软件资源的掌握情况，还要包括女性的心理状况。美国研究者已经发展出一套心理赋能评估指标，并且被部分学者应用于面对职场女性的实证调查中，而在新媒体领域的尝试还有待完善。

（二）拓宽女性就业，重视信息生产者角色

劳动议题是马克思主义研究中的核心概念之一。在互联网环境中，女性不再是被动的信息接收者、商品化的受众，而是数字化传播工具的使用者、弹性化工作的生产者。我们需要在沿用以往以受众为导向的评估指标，如女性对于新媒体内容的知情权、参与权、表达权与监督权的同时，还需要将女性作为生产者的指标考虑进去。

传统工业化社会，女性就业率比男性低近 12%，城镇女性中超过 1/3 是因

为料理家务而离开工作岗位的。如今，通过电商、直播带货等不断发展的新媒体技术，女性通过一部智能手机就可以实现自我雇佣、灵活就业。据艾瑞咨询《2020年中国直播电商生态研究报告》数据显示，2019年直播电商整体成交额达4512.9亿元，同比增长200.4%。[①]欧瑞监测《2020中国女性直播带货十大洞察》显示女性在“双十一”中表现突出，观众占比约72.1%的女性贡献了当日76.9%的销量。[②]女性不仅是消费者，还是生产者。根据同年阿里巴巴官方《天猫618淘宝直播创新报告》，商家直播间数量增长160%，其中女性主播占绝对优势，是男性主播数量的一倍以上。[③]不仅如此，直播带货的女性与女性组织比例越来越高。2020年5月，北京市东城区妇联携手女企业家协会，在腾讯直播间开启首场直播带货，巩固拓展脱贫攻坚成果，为湖北、河北、西藏等五地搭建“产、学、研、销”协作平台，销售红薯粉、牛羊肉、木耳等土特产，首次直播总计2.6万人观看，销售额达到2.3万元。[④]莱帕波特曾说过：“赋能是一个个人、组织与社区对周围实践获得控制的机制。”这就要求我们重视实践中新媒体为女性赋能的案例。

（三）使得男女都受益，重视家庭传播作用

女性在新媒体环境中通过提升自己生存和生活技能的同时，客观上还使得男性获得收益。这是因为女性从新媒体传播中获得新的知识和新的技能，不仅有益于家庭生活，还有助于下一代的培养。女性在树立良好家风家教方面具有特殊的作用。因此，当我们研究新媒体为女性赋能的时候，还有一个重要的层面需要考虑，那就是家庭。涵化理论表明，深度卷入的媒体受众会

---

① 艾瑞咨询：《2020年中国直播电商生态研究报告》，https://report. iresearch. cn/report/202006/3606.shtml。

② TOPHER：《TOPHER、O’Ratings联合发布〈2020中国女性直播带货十大洞察〉》，https: //mp. weixin. qq. com/s/n7sX5w9j5N9aQAEoIDLxsA。

③ 阿里研究院：《天猫618淘宝直播创新报告》，http://www.aliresearch.com/ch/presentation/presentiondetails? articleCode=82648775469961216&type=%E6%8A%A5%E5%91%8A&organName=。

④ 人民网：《巾帼“云”带货　东城区妇联开通扶贫直播间》，http://bj.people.com.cn/n2/2020/0518/c14540-34025925.html。

相信媒体所提供的有关社会现实的内容，因为媒介是被建构的，同时媒介也在建构真实。在新媒体环境中，家庭成员的性别观念也会受到新媒体信息的影响。女性自我赋能后如何带动家庭成员能力的建设，促进男女平等观念的传播等，都值得我们对家庭传播系统进一步探索和研究。

四、新媒体为女性赋能的反思

（一）“数字性别鸿沟”依然存在

数字鸿沟（Digital Divide）指人们是否能够通过电脑和信息工具接触互联网的鸿沟。随着互联网普及率的提升，女性群体在数字鸿沟上的差距逐渐缩小，但是“数字性别鸿沟”（网民在新媒体使用上的性别差异）依然存在。有研究发现，男性在发展型互联网使用方面，如新闻资讯的浏览、学习与工作的使用强度高于女性，因此也能获得更高的互联网工资溢价。为了收集和查阅各国在缩减数字性别鸿沟方面的实际进展，联合国妇女署和联合国大学等共同发起了“数字时代构建性别平等的全球伙伴关系”行动方案，并配套开发了一款可视化的“性别数字包容性地图”。目前，网络新媒体的研究多集中在数字硬件设备本身的使用情况，还不能充分反映数字技术下的性别差异。

（二）人工智能对性别的围困

人脸识别、智能招聘、金融等领域中人工智能算法性别歧视的案例并不少见。以智能招聘为例，人工智能的工作方式是给系统里的求职者打分，从而帮助用人单位快速选出和岗位匹配的人选。然而，经过大量数据训练后，这个系统仍旧表现出对女性明显的偏见。实际使用过程中人们发现，这个系统大概率会给女性打出更低的分数。这是由于机器经过大量的训练，在与人类互动的过程中会不断迎合并自动过滤掉用户不需要的信息而强化其既有倾向，碾压已经取得的社会性别平等成果。这是由于输入人工智能的正是我们原有的文化与意识形态。然而算法本身也能通过大数据进行自我纠偏，有研究者就将人工智能技术运用到促进男女性别平等的领域，发明了自动识别电影以及其他类型媒体中隐藏的性别偏见系统，防患于未然。因此，人们在进行人工智能相关领域应用时要强调算法透明，引入算法设计的女性视角等。这些方面还有很多领域有待探索。

（三）性别意识的网络表达不足

有学者对美妆类博主直播间的弹幕进行观察后发现，网上性别歧视是以女性网民对女性博主的攻击谩骂为主要特征，这也是现实中性别嫌恶现象长期内化的结果。这时刻提醒我们，在看到新媒体为女性赋能的同时，还要注意到女性意识在某些网络角落仍处于“缺席”状态。[①]再如，直播是近年来新兴的媒介形态，为女性提供了一个表达自我更为自由、开放的环境。然而，女性在形式上的主体性并不能掩盖部分女性在趋利动机影响下成为被塑造、被凝视的“消费品”。而直播电商的快速发展，更是加剧了“消费”对人们的控制。女性通过直播间的“美颜技术”进行瘦脸、磨皮、大眼等操作，迎合男性的审美诉求，并由于技术的加持加剧了刻板化的风险。同时，男性在新媒体环境中也出现了女性气质化的倾向，“小鲜肉”“奶油小生”等成为评价青年男性的网络热词。这些网络上的性别符号已经潜移默化地延伸到现实生活中，成为评价的固有标准。如果得不到有效的治理，这些问题还会危害青少年的成长。因此，我们需要健全相关的法律法规，将性别敏感指标纳入互联网新媒体机构业绩评估体系和机制中，健全与妇女相关的重大舆情和突发事件的舆论引导机制，提升全社会对性别传播环境的普遍关注。

总之，在新媒体环境的实践过程中，女性与新媒体的关系是相辅相成的，人们创造了媒介，媒介也创造了人们。新冠疫情防控期间，尽管相当一部分传统行业遭受冲击，但是网络直播、在线教育、电子商务、在线娱乐等网络新媒体业务呈现出爆发式的增长。女性在其中无论是绝对数量，还是相对规模，都不容忽视。女性在新媒体环境中已经不再是一个小众议题。随着“她力量”的崛起，女性将发挥越来越重要的作用。

---

① 徐智、高山：《网络女性自治区中的性别歧视内化——自媒体美妆视频中的女性嫌恶现象及批判》，《国际新闻界》2019年第6期。

第二章
新媒体运营主要理论

新媒体运营理论研究了数字化时代信息的传播与互动模式，提供了一套系统化的框架，帮助个人和企业更有效地与线上受众连接。这一理论关注用户行为、内容策略以及平台算法，为运营实践提供科学的指导和参考。

第一节　新媒体运营模块概述

一、内容运营

内容运营主要指的是运营者利用新媒体渠道，用文字、图片或者视频等形式将企业信息呈现在用户面前，并激发用户参与、分享、传播的完整运营过程。

内容运营中的“内容”有两层含义。第一层就是内容形式，指用户用手机或电脑通过网络看到的文章、海报、视频或音频等数字内容。第二层是内容渠道，指用户浏览的互联网内容一般来自微信公众号、微博、门户网站、新闻类应用等内容渠道。运营者要将内容布局在相应的内容渠道，与用户的内容浏览习惯相匹配。内容运营对新媒体运营的整体效果起着至关重要的作用，优质的内容运营有助于提升产品的知名度。产品本身是不会说话的，需要运营者发布一些内容来进行表达，用户在使用产品之前，只能通过运营者表达的内容来了解产品。因此，优质的内容、多平台的宣传可以让更多用户接触产品信息，从而提升品牌知名度。

新媒体在内容运营的第一个环节就是进行选题规划，策划出下一阶段的内容形式、选题等，作为下一阶段的内容运营总纲。在内容策划上需要注意解决几个重要的问题，包括制作本次内容的目的是什么，内容投放的渠道在哪里，该渠道的用户是谁，内容制作的周期是多久，内容的主题、风格如何设计。只要解决了这些问题，那么你就完成了内容策划。

确定内容后，我们也要根据账号的调性、用户的习惯、创意的表现形式完成内容的展现。内容形式敲定后，需要进行素材的收集与整理。素材包括内部素材如产品图、产品理念、活动流程、内部数据等，行业素材如行业数据、行业新闻、网民舆论、近期热点等。根据上面步骤的执行结果，进行文章、海报、H5、视频等内容的创作。内容编辑工作完成后需要进行测试、反馈及优化，如果转化率低或反馈不好，需要对内容进行优化与调整。设计传播模式以便于引导粉丝将内容转发到自媒体、社群或更多的渠道。

女性在内容运营中能够更好地理解和代表女性受众的需求和兴趣，推动媒体内容的多元化。这有助于减少性别刻板印象，促进性别平等的讨论，并改变传统媒体中的性别偏见。

二、用户运营

用户运营是新媒体运营的核心，除了在各大平台上解答用户的问题，还包括深入接触用户、了解用户需求和产品使用意愿，然后根据这些用户资源来优化内容和活动。

用户运营指的是以用户为中心搭建用户体系、开发需求产品、策划相关活动与内容，同时严格控制实施过程与结果，最终达到甚至超出用户预期，进而实现企业新媒体运营目标。新媒体运营，用户是核心。不少企业的新媒体部门规定，新员工在入职后，必须先做与用户相关的工作（如网店客服、微信公众号后台互动、用户社群沟通等），再上任其本职岗位。因为不论是开发产品、设计活动，还是策划内容，都需要围绕用户进行。如果不重视用户运营，新媒体就会出现事倍功半的运营结果——面向大量不精准的用户开展新媒体工作，造成资金与精力浪费，最终降低了转化率、曝光量等数据。

用户运营工作主要围绕四方面展开，包括拉新、促活、留存及转化。拉新，即通过微博、微信、论坛、社群、线下等渠道进行推广，邀请新用户注册或试用，其目的是提升用户总体数量。促活，即通过友好的新用户教程、创意的用户活动等方式，让用户每天多次打开软件或进入自媒体账号，其目的是提升用户活跃度。留存，即通过后台分析用户数据，以策划活动、增加功能或发放福利等形式留住用户，其目的是提升用户留存率。转化，即拥有一定活跃用户后，尝试通过下载付费、会员充值等方式获取收入，目的是提升转化率。围绕拉新、促活、留存及转化，用户运营可以展开大量细节工作。

女性在用户运营岗位上能够建立更紧密的社区和用户群体，因为她们通常擅长社交和建立信任关系；更容易与女性用户互动，提高用户满意度、促进用户参与和增加平台活跃度。

三、产品运营

产品运营是面向产品而言，主要职责是产品的拉新、促活、召回以及转化，日常工作围绕着产品优化、活动策划执行、用户维护以及数据分析（产品相关数据分析）等，所以要求的技能就是活动策划、数据分析、社群维护等。

产品运营需要分析用户画像，考虑产品变现，弄懂业务的盈利模型。女性的参与有助于设计出更符合女性需求的产品和功能，提高产品的市场竞争力。女性视角有助于满足不同性别用户的期望，促进产品的创新和改进。

四、活动运营

活动运营就是通过举办活动达到曝光产品、推销产品、拉新用户等目的。

这几种运营是相辅相成的，比如用户运营是拉新，社群运营、内容运营、活动运营都是可以拉新的。做新媒体运营时常要策划一些活动，像一些节日、纪念日，包括企业的周年都可以用来做活动。常见的活动通常包括但不限于抽奖、投票、转盘、刮奖、转发点赞等。

活动为的是“促活”用户，所有的原则也要从用户的角度出发，要和用户息息相关。所以一个优秀的活动应该包括以下三个环节。

1. 发现

用户从哪里发现我们的活动？是否可以添加更多的发现路径？这些发现的路径是否针对目标用户群体？在这些可以发现的渠道中，是否有我们的良性口碑？

2. 融入

要让用户切实参与进来，并且感受到参与活动可以感知的利益。例如，两种活动，哪种参与人数会更多？①转发 10 次可以免费抽奖 3 次；②免费抽奖 1 次，转发 10 次后赠送 2 次抽奖。显然第二种更加吸引用户，让用户有一种上升的过程，在上升的过程中又可以得到具体的利益，这就非常好地融入进来了。

3. 离开

离开分为结束和跳出。结束无须多言，跳出率自然是越低越好。可是想要低的跳出率，好的创意和周密的布置也是必不可少的。所以，要想最终有好的效果，就一定要打磨最开始的关键步骤设计。

女性在活动运营中可以组织和推广针对女性受众的活动，如女性创业家研讨会、性别平等活动等。这有助于提高女性的社会参与度，推动性别平等议题的讨论，并激发女性的创业和领导潜力。

附上新媒体运营关键词，用于理解新媒体运营的传播效果。

表 2　新媒体运营关键词

词汇	含义
活跃用户数（Active Users）	在指定时间段（如日活跃、周活跃、月活跃）内至少进行一次活动或互动的独立用户数
转化率（Conversion Rate）	完成某一特定行为（如购买、注册、下载等）的用户数与访问用户数的比例
跳出率（Bounce Rate）	只浏览一个页面后离开网站的访问次数与总访问次数的比例，较高的跳出率意味着网页内容不吸引人
访问量（Page Views）	页面在指定时间内被访问或浏览的次数
曝光数（Impressions）	内容、广告或帖子在新媒体上被展示的次数，不论是否被点击
产品矩阵（Product Matrix）	对各种产品或服务进行分类和管理，确保在新媒体上的推广策略与产品特性、目标市场匹配
账号矩阵（Account Matrix）	一种系统性的管理和梳理企业在不同新媒体平台上的所有账号，以确保一致性
点击率（Click-through Rate，CTR）	点击某内容或广告的用户数与该内容或广告的曝光数之比
用户留存率（Retention Rate）	在特定时间段后仍然使用产品或服务的用户与该时间段开始时的用户数之比
平均访问时长（Average Session Duration）	用户在网站或应用上花费的平均时间
分享率（Share Rate）	内容被分享的次数与其被访问的次数之比
评论互动率（Comment Interaction Rate）	内容获得的评论数与其被访问的次数之比
粉丝增长率（Follower Growth Rate）	在特定时期内增加的粉丝数与该时期开始时的粉丝数之比，这可以帮助评估粉丝基数的增长速度
参与度率（Engagement Rate）	所有互动（例如点赞、评论、分享）的数量与总的粉丝数或曝光数之比

续表

词汇	含义
负面反馈率（Negative Feedback Rate）	接收到的负面反馈（例如举报、取消关注）与总互动次数或曝光数之比
退出率（Exit Rate）	在浏览某一特定页面后离开网站的访问次数与该页面的总访问次数之比
新访客与回访客比例（New Returning Visitors Ratio）	首次访问网站的新访客与再次访问的回访客的比例
流失率（Churn Rate）	在特定时期内停止使用产品或服务的用户与该时期开始时的总用户数之比
客户获取成本（Customer Acquisition Cost， CAC）	获得一个新客户所需的平均成本
生命周期价值（Life Time Value， LTV）	一个客户在整个合作期间为公司带来的预期总收益

第二节　新媒体运营理论

一、信息传递与影响力类

1. 传播模型理论（Communication Model Theory）

传播模型理论主要探讨信息如何从发送者传递给接收者，并分析在此过程中可能出现的噪声或干扰。经典的传播模型如香农—韦弗模型强调了信息源、信息、传输信道和目标之间的关系。随着时间的推移，这些模型逐渐发展，强调双向交互、反馈和环境背景的影响。

比如，一家电视广告公司制作了一部广告片，目的是促销某个新的饮料品牌。这里，公司是信息源，广告片是信息，电视是传输信道，而观众是目标。但是，如果广告播出时恰好是观众更喜欢的电视节目时段，他们可能会换台或离开，这就产生了“噪声”或干扰，导致信息传输被打断。

2. 双螺旋理论（Two-Step Flow of Communication）

这一理论描述了公众舆论如何形成和如何通过媒体被放大。传统的传播模型建议信息从媒体直接流向受众，但双螺旋模型认为信息首先被“意见领袖”所采纳，再经由他们传播给广大群众。这意味着，对于新媒体运营，找到并与这些意见领袖合作可以成为关键策略。

比如，某化妆品品牌发现其目标客户群主要在油管（YouTube）上寻找化妆教程。因此，品牌与一些 YouTube 上的美妆博主合作，让他们在视频中使用并推荐该品牌的产品。通过这种方式，品牌成功地扩大了产品的曝光度和受众基础。

3. 社交网络理论（Social Network Theory）

社交网络理论研究个体之间如何互相连接，并形成复杂的社交网络。对于新媒体运营来说，理解用户在社交网络中的位置和影响力，可以帮助品牌更精准地进行推广。

比如，脸书（Facebook）的广告系统允许广告商精确地定位其目标客户群，这是基于用户的社交互动和连接来实现的。如果一个用户经常与某品牌互动，那么其好友可能也会对该品牌感兴趣，因此他们也会看到相关的广告。

二、市场和用户接受度类

1. 长尾理论（The Long Tail）

长尾理论由美国学者克里斯·安德森（Chris Anderson）提出，指的是在数字化和网络环境下，非主流产品和服务的市场需求总和可能超过那些受欢迎的主流产品和服务。这为新媒体运营提供了独特的策略，即不仅关注主流受众，也要关注小众市场。

比如，美国奈飞公司（Netflix）是长尾理论的经典案例。传统的电视或电影院更偏向于播放大众喜欢的内容。但 Netflix 向受众提供了大量的小众电影和电视剧，满足了不同口味的用户需求。

2. 扩散创新理论（Diffusion of Innovations）

扩散创新理论由美国学者埃弗雷斯 · 罗杰斯（Everett Rogers）提出，这个理论研究了新想法和产品如何在社会中传播和被接受。它将受众分为创新者、早期采纳者、早期大众、后期大众和落后者，对于新媒体运营来说，可以通过识别这些群体来优化策略。

比如，美国苹果公司（Apple Inc.）经常采用这一理论来推广其新产品。当苹果手机（iPhone）首次发布时，苹果公司主要针对“创新者”和“早期采纳者”进行推广。随着产品逐渐被大众接受，营销策略也相应地调整，以吸引“早期大众”和“后期大众”。

3. 网络效应理论（Network Effect Theory）

网络效应理论指的是产品或服务的价值随着使用该产品或服务的用户数量增加而增加。这种增长通常是指数级的，意味着每增加一个用户，产品或服务的价值都会增加。网络效应通常与社交媒体平台、通信应用或任何依赖大量用户参与的服务相关。

以社交媒体平台 Facebook 为例。当最初只有少数人使用 Facebook 时，它的价值相对较低，因为用户无法与许多朋友或家人互动。但随着更多的人加入并开始使用 Facebook，平台的价值迅速提升，因为用户可以与更多的人建立联系和互动，形成了正反馈循环。

三、内容创作与互动类

1. 内容生态理论（Content Ecology Theory）

内容生态理论强调在新媒体环境下，内容不仅是生产和消费的对象，还存在于一个动态的生态系统中，其中内容的创作者、分发者、消费者等多方参与者相互影响。例如，用户生成的内容（UGC）和品牌的内容营销策略如何相互作用、共同塑造内容生态。

假设一个健身品牌在照片墙（Instagram）上进行内容营销。他们发布了一系列关于家庭锻炼的视频。这些视频不仅吸引了大量观众，还鼓励观众分享自己的锻炼经验。这种用户与品牌内容的互动创造了一个内容生态，其中品牌和用户共同产生价值。通过适当的呼吁和策略，例如在视频中提供特惠折扣，品牌成功地引导观众走向转化，从而购买了品牌的健身产品。

2. 社交媒体算法理论（Social Media Algorithm Theory）

社交媒体算法理论关注社交媒体平台如何使用算法来决定哪些内容应该显示给用户。这些算法通常基于用户的行为、互动以及其他一系列复杂的因素。目的是为用户提供最相关、最吸引人的内容，从而保持他们在平台上的活跃度和参与度。

假如一个 Instagram 用户，他经常点赞和评论与烹饪、美食相关的内容。基于用户的这些互动，Instagram 的算法可能会更多地推送与烹饪、美食相关的帖子到该用户的主页，因为算法判断这样的内容对用户更具吸引力。这样，Instagram 确保用户在平台上的活跃度，并增加其在应用中花费的时间。

3. 转化漏斗模型（Conversion Funnel）

这是一种描述潜在客户从初次了解品牌或产品到最终完成购买或其他目标行为的整个过程的模型。转化漏斗通常被划分为几个关键阶段，每个阶段都与特定的用户行为和心态相对应。

比如，一家线上书店希望吸引和转化更多客户。初次接触阶段，潜在客户可能通过搜索引擎或社交广告了解书店。为了深化吸引力，书店推广其畅销书和特色推荐书目。随后，消费者可能浏览书店的各种分类和评论，进入考虑阶段。书店为引导他们，展示了热门图书并提供真实评价。到达决策阶段，消费者选择书籍，进入结算，并被多种支付方式和限时优惠所吸引。购买后，他们收到确认和感谢信，进入行动阶段。但书店追求的不仅是一次销售，而是客户的长期忠诚。因此，他们会定期发送新书推荐和优惠信息，维护客户关系，鼓励再次购买和推荐。这展示了如何利用转化漏斗模型建立持久的客户关系。

扩展阅读 传播政治经济学视角下女性数字赋能[①]

党的二十大报告提出“加快发展数字经济，促进数字经济和实体经济深度融合，打造具有国际竞争力的数字产业集群”的任务。中国在 2016 年主办 G20 杭州峰会时，首次把数字经济纳入议程，牵头多国共同签署了《二十国集团数字经济发展与合作倡议》。2022 年，巴厘岛 G20 峰会，中国进一步提出了数字转型的三点主张：一要坚持多边主义，加强国际合作；二要坚持发展优先，弥合数字鸿沟；三要坚持创新驱动，助力疫后复苏。预计到 2025 年，数字经济规模有望突破 80 万亿元，带动的从业人数接近 4 亿人。[②] 数字经济成为媒介环境变革之下女性提升数字化生存与发展的新动力。

随着数字科技与经济的深度融合，对数字媒介素养人才的需求爆发出强大的拉动力。国务院新闻办发布的《平等　发展　共享：新中国 70 年妇女事业的发展与进步》白皮书显示，我国女性在互联网领域的创业比例已经达到 55%。[③]《中国妇女发展纲要（2021—2030 年）》中也明确提出要“大力培养女性科技人才”“提高女性在科学、技术、工程、数学等学科学生中的比例”。而现实中女性接收数字信息的教育和经济资源依然不足，数字平台上的女性创业者多半从事的是基础性的数字劳动。因此，本文基于传播政治经济学视角对数字媒介在女性创业发展中的作用展开分析，力求探究其背后的原因与对策。

---

① 本文节选自《中华女子学院学报》2023年1月第1期刘旸撰写的《数字媒介与女性创业：数字经济释放女性力量——基于传播政治经济学分析》一文。

② 《〈中国数字化之路报告〉发布》，《深圳晚报》2020年11月4日第4版。

③ 中华人民共和国国务院新闻办公室：《平等　发展　共享：新中国70年妇女事业的发展与进步》，https://www.gov.cn/xinwen/2019-09/19/content_5431327.htm。

一、数字媒介环境下女性议题研究的新方向

马克思主义妇女理论的中国化需要我们立足新时代强化问题意识，进行前瞻性的研究。传播政治经济学正是将马克思主义政治经济学和传播学进行交叉分析，研究社会性别等经典政治经济学议题及其在数字媒体语境下呈现出的新维度和新发展。女性在数字媒介环境下，利用新媒介技术在数字平台上进行创业就业便是新议题之一。

（一）隐匿的媒介：对数字“媒介化生存”的再认识

传播学发展至今，面临着一个与其他社会科学截然不同的处境——那就是原本作为研究中介物的媒介正在逐渐地“去中介化”，媒介在社会政治经济发展中所扮演的其实是一种环境构建者的角色。在数字媒介环境下，网民作为信息传播者和接收者投入了大量的时间和精力，却因深陷其中对数字“媒介化生存”的环境和自身状态而不自知。“媒介化生存”是以媒介为核心的生存方式，即媒介之外，别无他物。《娱乐至死》的作者、美国媒介环境学派学者尼尔·波兹曼提出“媒介即隐喻”，他认为媒介以一种隐蔽而有力的暗示来定义现实中的世界，改变社会文化的内容，并转变人的思维方式，这背后体现出的是其政治的偏向、内容的偏向与思想情绪的偏向。随着数字媒介技术的发展，这种社会的偏向以一种更为隐秘和匿名的形式而存在。

（二）数字媒介与女性创业：互联网中的男女平等新议题

全球移动通信系统协会（GSMA）于 2016 年推出了“互联女性承诺倡议”，以促进缩小移动性别差距。《2022 年移动性别鸿沟报告》显示在中低收入国家，移动互联网的性别差距从 2017—2020 年逐年缩小，从 25% 缩小到 15%。[①] 为了消除互联网领域的数字性别鸿沟，联合国宽带促进可持续发展委员会于 2018 年编写了《到 2025 年实现的具体目标：“实现另一半人口的连

---

① GSMA，“The Mobile Gender Gap Report 2022”，https：//www.gsma.com/r/gender-gap-2022/.

接”》的报告，期待在2025年女性互联网使用率达到75%，在互联网世界实现性别平等。[①] 在互联网空间中，女性不仅是数字媒介的使用者，还可能是创造者。她们通过数字营销、电子商务、内容创作等各种数字技术的使用和开发，为社会提供新的服务。数字创业是一个具有创新性和挑战性的前沿问题，未来女性也将在其中发挥更大的作用。

因此，本文运用传播政治经济学视角对数字媒介在女性创业就业中的作用研究，正是基于马克思主义妇女观对当下媒介环境中出现的女性新议题进行的探讨与回应。

二、数字媒介在女性创业中的新形势

数字创业是数字创业者为适应数字经济变革，通过识别和开发数字创业机会，以领先进入或跟随的方式进入数字市场，提供数字产品和数字服务的创业活动。下文将运用传播政治经济学的理论框架，从商品化、空间化与结构化三方面对数字媒介在女性创业就业中的新形势进行理论层面的分析。

（一）女性数字创业的商品化

从广义上来讲，女性数字创业是社会实践的一种传播活动。数字技术和新媒体传播的过程促进了整个社会普遍商品化的过程，具体体现在女性数字创业的内容、受众与劳动三个层面。

1. 女性内容的商品化

以往媒介内容的商品化与媒介的物质性紧密相连。读者购买报纸、杂志获取使用价值与交换价值。这种商品的价值不仅与信息有关，还与纸张的质量、数量有关。数字经济增加了媒介内容商品化的机会，女性自媒体创业者可以通过移动化、虚拟化、流动性的内容进行传播活动并从中获益。例如，

① 联合国宽带促进可持续发展委员会：《到2025年实现的具体目标：“实现另一半人口的连接”》，https://broadbandcommission.org/Documents/Translated%20Documents/Targets/Targets2025%20Chinese.pdf。

“巧妇9妹”本名甘有琴，原本是广西壮族自治区钦州市灵山县三海镇苏屋塘村的一名普通农村妇女。她从2017年开始在“今日头条”和“西瓜视频”上发布视频，主要分享农村美食生活，之后在网络平台上帮助家乡销售农产品，加盟农产品基地180多个，带动1200多家农户共1.5万多亩果园，成为利用数字媒介进行乡村振兴的脱贫攻坚典型，并荣获“全国三八红旗手”称号。又如，女性社群“灵魂有香气的女子”，通过线上知识分享与线下主题活动，帮助女性在工作与家庭生活中进行自我提升。

然而成功者毕竟只是小部分，还有相当一部分女性自媒体创业者在微博、微信、短视频上进行了大量的内容创作，却拿不到应有的报偿，被数字平台以“自愿”的词汇遮掩，实则转化成剩余价值被剥削。与过去女记者、女编辑通过撰写新闻报道获得工资，或者通过延长工作时间获取加班费相比，如今的女性数字创业者被平台占有的劳动时间与劳动价值变得较为隐蔽。而且数字平台的矩阵化媒体布局，加大了自媒体内容的商品化结果。

2. 女性受众的商品化

随着女性社会政治经济地位的提升，出现了“她经济”的现象。这种特别的经济现象围绕女性消费形成，具有物质消费的精神化、消费偏好的情感化、消费方式的个性化自主化、消费理念的自我化四个经济学特征。女性受众的商品化既符合“注意力经济”的一般规律，又具有自身的特点。美国学者迈克尔·戈德海伯（Goldhaber）认为，“注意力是一种持续的财富获得”。传统媒介环境下，媒体将女性的注意力资源售卖给广告主，从而获取商品回报，如女性杂志《时尚芭莎》的订阅量、广播节目《女人帮》的收听率、电视剧《三十而已》的收视率等指标就成为衡量媒体商品价值的依据。数字媒介的发展促使用户注意力进一步分散与碎片化，加剧了利益相关方对其注意力的关注和争夺。数字平台上的受众行为指标更为丰富，点击率、点赞量、评论量、转发量等用户行为数据被商品化，在受众未知晓的情况下被数字平台将这些数据“反馈”给商家，成为获取广告收入和利润的主要来源，为数字平台资本增值，但是女性受众却没有从中获得相应的回报。

3. 女性劳动的商品化

女性作为数字平台的消费者和服务使用者，她们的收藏、点赞、拼单等传播行为无形中成为协作式“数字劳动”的一部分，为平台资本增值。劳动的商品化又涉及了数字劳动。数字劳动指以数字技术为终端的数据信息劳动，是信息工作的一种具体形式，资本剥削的延伸符合马克思劳动价值论。学者佟新在《数字劳动：自由与牢笼》一书中提出了“可否通过数字平台经济中的共享理念来解放劳动”的问题。传播政治经济学从对受众和文本关系的研究转向受众劳动研究，是对数字媒介技术引发的权力再分配问题的进一步探讨。女性数字创业也是女性从事信息劳动的过程，在这些女性看似“弹性时间”从事的创业劳动背后，是以打破“家庭—工作”公私边界为代价的付出。据丁香医生数据研究院发布的《2021 国民健康洞察报告》数据显示，主播的健康自我评分在所有调研职业中最低。她们虽然每天直播只有平均不到 3 小时，但是前期准备与后期复盘时间加总后，每天工作时间至少 10 小时[①]，长期处于高强度的工作状态下，心理压力巨大。电视剧《底线》中女主播骆优优不断延长开播时间，努力为家庭赚钱，甚至有时候连轴转，女主播猝死背后的故事属实让人痛心。

（二）女性数字创业的空间化

数字经济时代的社会经济发展有两个变革方向，一是原有产业的数字化转型，二是新产业的创新。数字经济时代技术的开放性和低门槛等特点消解了男性对媒介的控制权，女性传播者的规模逐步扩大，新媒介环境带来的自由使女性获得了前所未有的空间。这种传播活动的空间表现在女性话语表达空间与参与决策的空间两个方面。

1. 女性创业者话语表达的空间

数字媒介下的女性创业者话语表达的渠道更加多样，空间更加广阔。传

① 丁香医生：《2021国民健康洞察报告》，https://mp.weixin.qq.com/s? __biz=Mzg3NDAxMjYyMQ==&mid=2247487011&idx=1&sn=da086bd8714ba4c8345730def9aeb582&chksm=ced60481f9a18d9760a62103f92f98df96f2322a0f43811adc2c0b10de244ec202600fe16c56&scene=27。

统媒介环境下女性创业者的个人形象与成长故事只有通过报纸、广播、电视的“被采访”才能传播出去。如今，女性数字创业者可以通过自媒体进行自我理念的抒发和创业故事的分享。例如，抖音上“一个普通女孩的十年”系列短片几乎成了创业女性故事叙事的标准模板。通过几分钟的时间，就描绘出一个由青涩的大学生到小有成就的创业者的独立女性形象。这种类型的视频内容动辄播放量数十万、数百万，鼓舞着更多女性加入数字创业浪潮。

很多女性自媒体创业者生产的内容本身就是女性的自我表达。短视频平台上那些聚焦女性话题的过千万粉丝的账号主要聚焦职场、家庭、校园爱情等女性议题。这些账号拍摄的短视频呈现的是独立自信的女性形象、亲密无间的闺密形象、可爱的老公形象、无原则宠溺儿媳的婆婆形象等。通过塑造一些更理想化的生活和职场场景，来缓解女性的现实生活焦虑。然而也有一些账号打着自强女性的幌子，举着男尊女卑的例子进行情感贩卖。因此，广泛开展全社会的性别文化教育，提升受众对性别歧视现象的批判意识是当务之急。

2. 女性创业者参与决策的空间

数字经济能否赋能女性，改变网络空间中男性与女性的关系和地位？数字经济天然具有去中心化与平权的特点，女性创业者有更多的机会通过互联网平台进行就业、创业。在全球数字化进程加快的过程中，更多行业被注入科技力量，女性创业者也涌入科技创新领域。受到数字化浪潮的影响，女性创业的领域更加广泛。以往传统经济下的女性创业者从事的多是文娱传媒、教育培训类，而如今数字经济下的女性创业者开始进入传统男性创业的领域，如医疗健康、人工智能、企业服务、先进制造等。这些以技术创新为重点的创业领域热度不断提升，从侧面证实了数字经济时代为女性赋能的效果。

以往多是用男性的眼光来看待各个空间场域中的女性，在文化与商业的共谋中，女性常常处于在场缺席的角色状态。数字经济时代女性创始人群体的崛起，尤其是女性科技人才的比例增加，打破了旧有社会控制支配体系中女性劳动者的形象表征，这在一定程度上意味着女性创业者的话语构建又向前迈出了一步。传播技术的发展克服了地理空间的限制，以更加低廉的成本与更高效的产出对传统产业进行变革，女性创业者如果抓住机会就能够释放数字时代的女性力量。

（三）女性数字创业的结构化

结构是人类社会活动或者能动性的产物。政治经济学强调权利在结构和能动性之间的作用，主要集中于对社会性别、阶级、种族及社会运动的结构化研究。文化这一概念被广泛地应用于传播研究领域中，包括新的数字媒介技术下媒介和信息商品的生产、分配与使用等一系列要素的持续性研究。

1. 技术形态的结构化分布

数字经济时代下的传播环境就是一个网状的结构性存在。数字组件、数字基础设施和数字平台是女性数字创业的技术形态与支撑条件。女性数字创业者可以在不同的数字经济形态中有所作为。例如，女性创业者可以在数字组件方面发挥作用，为用户提供有价值的硬件或软件，包括数字配件、应用程序和媒体内容等，通过较低的成本快速地添加到各种数字产品中；女性创业者可以搭建数字平台，通过通信技术让用户之间产生交互关联，发挥网络效应；女性创业者还可以打造数字基础设施，为社会或组织运行所需的基本物流和组织结构提供云计算等技术支持服务。

2. 垂直行业领域的结构化分布

目前，数字媒介环境下的女性创业者多集中于媒体内容领域和服务领域，如短视频平台、网购平台、网约车平台、外卖平台等，而在硬件设备，如手机、电视、电脑厂商等网络技术支持服务系统中的女性创业者比例不高。女性数字资源的获得度与享有度不均、数字身份隐私保护不足、数字空间的身份标签和女性数字空间的存在感偏低是女性数字创业结构不均衡的原因。

3. 技术可获得性的结构化分布

传播政治经济学认为，人们在自我建构的同时也建构了社会关系。传播技术的可获得性存在差异导致部分有准入经济能力的人可以进入，而其他人则被排除在外。由于女性创业对于数字技术可获得性的不平等分配，数字媒介环境下对技术依赖度较高的女性创业者是一群有着较高学历、年龄 30 ～ 45 岁的女性。她们通常具有较高学历，硕士及以上学历所占比例超过半数。她们大多毕业于名校，如南开大学、清华大学、北京大学等，或有哈佛大学硕士、加州大学伯克利分校等海外留学背景。

这些女性创业者中的绝大部分曾在企业内担任高管，具有多年的管理经验。她们的部分项目直接获得了原公司投资孵化而成。创业地点也主要集中在北京、上海、广东等经济较为发达、市场开发程度较高以及创业支持政策力度较大的地区。而基层女性由于能够享用媒介通信和信息技术的机会很少，所以她们在有限的传播资源下从事创业，成为依附于数字平台的零工从业者。这类零散分布的自雇佣者并不能代表数字经济时代下女性创业者的全貌，她们的地位依然有被边缘化的可能。

三、数字媒介在女性创业中的新作用

（一）数字媒介在女性创业中的积极作用

数字经济为女性赋能的议题在联合国《变革我们的世界：2030 年可持续发展议程》中有所体现，明确提出要“加强技术特别是信息和通信技术的应用，以增强妇女权能”。数字经济下如何让女性真正实现全面参与社会经济建设，最大限度地发挥女性的才华和潜能，探寻促进女性发展的数字经济赋能路径与传播策略就成为关键。

1. 善用网络数据，赋予女性创业整合力

数字经济时代是知识与资源共享发展的时代，只有突破以往传统的资源有限零和竞争思维，转为积极协同的整合资源思维，创业者才能不断拓宽自身的创新空间。主体身份认同是女性与个体自身的角色、属性等相关联的。数字媒介环境下女性如何看待自己、如何面对所处的环境，体现出女性对自身平等身份的独立探索和思考。数字经济不仅使得女性创业成本降低了，还在女性创业过程中发挥了助推作用。女性在创业产品与服务的选择和运营过程中，

不仅可以凭借敏锐的洞察力特质，还可以通过大数据，如消费者在数字平台上的评论、点赞等挖掘潜在用户的需求，完成产品初创期的基础数据分析。

2. 巧用社群传播，赋予女性创业者共情力

数字技术的发展使得女性的自我认知更加明朗化，女性创业者整体的学历和行业经验都有所提升，创业经验也更为丰富，部分改变了以往女性创业者容易聚集在盈利较低领域的现象。同时，数字平台的涌现使得女性个体与群体、个体与社会等层面的联系更为紧密。对于女性从业者而言，数字经济下的创业就业不仅是一个自我展现和价值实现的途径，更是寻求一种焕然一新的生活方式的契机。数字技术基础上产生了各种新的媒体形态，女性创业者利用数字平台进行创业，社交媒体的“自我效能感”在其中发挥了重要的作用。例如，在儿童进入学龄期后，女性的育儿压力减少，可以通过数字平台获得经济收入，从而实现个人价值。社交媒体的线上销售以关系为纽带进行推广，女性通过微信朋友圈等私域网络空间不断拓展，进而获得了新的社会关系，以获取物质回报和社会认可与精神的满足。而这些女性创业者的育儿经验也成为她们引导其他新手妈妈的文化资本。

3. 精用模块组织，赋予女性数字生存力

从农业经济到工业经济再到数字经济时代，性别劳动分工与经济发展息息相关。工业经济时代，物质劳动是社会价值的主体，而数字经济时代的非物质劳动在社会总劳动中的比例逐步提升。物质生产所需要的劳动在体能与力量上男性、女性存在一定的差异，而数字经济时代的非物质生产则更注重认知上的差异。与之相对应，以往工业经济时代的组织形态通常以科层制的方式构架，金字塔式的组织等级制度下，企业合伙人、高管中的男性比例较高，而女性比例较低。数字经济时代网络化的数字传输达到了去中心化的信息交流，劳动过程被细化为若干个固定的标准化操作模块，每个女性数字创业者都可以自行选择进入、离开方式，进行点击承揽完成。这种模块化的劳动提升了非物质生产力的进一步发展，女性数字创业的进入方式更便捷、风险也更低。

（二）数字媒介在女性创业就业中的消极作用

1. 数字资源女性接触与享有不均

数字平台为女性从业者提供简化的技术选择，多种数字服务以及多主体参与的整合平台为女性从业者缩短商业机会识别时间，拓展创业机会进行赋能。然而参与经济赋能的女性需要拥有一定的数字资源，且具备一定的数字设备使用技能。根据国际电信联盟发布的《2023 年事实与数据》报告，性别数字鸿沟依然存在。在全球范围内，使用互联网的女性比例为 65%，比 2022 年的数字略有增长，但女性在全球不上网人口中所占比例过高，比男性不上网人数多 17%。[①] 由于近年来发展中国家男性使用互联网的人数急速增加，使得亚太、非洲及阿拉伯国家的数字性别鸿沟进一步扩大。报告认为，女性对上网设备和服务可达度低、使用数字设备的技能缺乏，以及对在线连接好处的认知与理解不够，是造成数字性别鸿沟的主要原因。

2. 女性数字空间的身份标签偏低

相当一部分女性数字创业者集中于数字平台上的自雇佣群体，从事基础性的数字劳动。此外，还有少数数字内容创业者打着自强女性的幌子，举着男尊女卑的例子进行情感贩卖。由于媒体普遍采取事后审查的做法，这些创业者发布的内容和言论缺乏正确的性别平等意识，反而强化了社会对女性的刻板印象，容易被涉世未深的年轻人误读，进而拉低了女性在数字空间的身份标签。由此可知，女性在网络空间总体呈现出身份标签偏低的特征。

3. 女性数字身份的隐私保护不足

数字媒介环境中，用户的注册认证、信息发布与交流、音视频文件、通讯录、地理位置等信息都被评估后收集，进而基于用户上网行为数据进行个性化的推荐。因此，数字媒介中的女性也不例外，她们的每一次生产或者消费行为都会在互联网上留下印记。此后，数字平台上女性数据作为商品被售

---

① 国际电信联盟：《2023年事实与数据》，https://www.itu.int/hub/publication/d-ind-ict_mdd-2023-1/。

卖通讯录给广告商。女性使用数字媒介的隐私数据被泄露得越多，那么广告方或者平台方用于测试女性的兴趣推荐就会越发精准。由于担心个人隐私被窃取进而遭遇不友好言论、网络暴力，甚至威胁到人身安全，这些对网络安全性的担忧在某种程度上也影响了女性使用网络进行表达与创业的积极性。

四、启发与思考

（一）利用政策红利，紧扣女性创业与数字时代脉搏的共振点

“十四五”规划明确提出“加快数字化发展 建设数字中国”的目标。数字性别鸿沟问题不会通过市场经济运行自动弥合，需要政府顶层设计，用看得见的手推动。2022 年，全国妇联于两会提交了《关于在数字经济发展中促进妇女就业创业的提案》，提出“数字经济的快速发展降低了妇女就业创业的机会成本，激发了妇女的潜能和创造性，增强了妇女的经济赋权，广大城乡妇女依托数字经济获得了更多就业创业机会”[①]。

为了拓宽并保障妇女在数字经济领域的就业创业渠道与权益，2017 年全国妇联与浙江省人民政府共同举办了首届中国妇女创业创新大赛，激发女性“双创”活力；自 2009 年以来，与教育部、人社部、中国女企业家协会共同开展全国女大学生创业导师行动，建立“巾帼创业创新示范基地”；与财政部等 4 个部门实施小额担保贷款财政贴息政策，为女性创业创新提供资金和技术支持。为顺应数字经济新趋势，各级地方妇联组织面向创业女性开展技能培训，为创业女性搭建学习交流平台和女性群体致富平台，如武汉举办“巾帼创业荟”分享沙龙、大连举行女性科技创新大赛、山东莱州举办“巾帼电商大赛”等。利用数字经济的政策红利，提升数字媒介环境下女性的创业能力。激发更多女性参与到数字经济建设中将是未来一段时间提升女性创业创新的内发力点。

---

① 富东燕：《拓宽妇女在数字经济领域就业创业渠道》，《中国妇女报》2022年3月7日第2版。

（二）开展科普教育，挖掘女性创业与数字媒介特性的触发点

数字素养是传播学研究领域中的媒介素养发展到新阶段的产物。联合国教科文组织认为，数字素养就是“通过数字技术安全、合理地获取、管理、理解、整合、交流、评价和创造信息，以促进就业、体面工作和创业的能力，其中包括被称为计算机素养、通信技术素养、信息素养和媒体素养的各种能力”。可以说，数字素养已经成为数字媒介环境下女性进行“数字化生存”的基础。女性创业者除了具备基本的通过网络获取、整理、评估和创造信息的能力，还需要了解和应用数字技术和组织模式，以便对传统产业进行改造和进行商业模式的创新。现实中女性基础劳动力很难进入数字化经济产业，传统媒体中也缺乏优秀科技女性的榜样引领。若要全面提升妇女的媒介素养，就要提高妇女利用信息技术参与新时代经济社会高质量发展的能力。

由此，不仅要全面提升对女性数字素养的培养，还要提早进行。全国妇联宣传部与中国科协科普部主办的2022年“我和妈妈学科学”科普活动也是深入实施《全民科学素质行动规划纲要（2021—2035年）》的重要措施。该活动通过录制亲子科普短视频的方式，宣传科学家、科学设施，启发科学兴趣、推动科学方法、传播科学思想。该活动在广大妇女儿童中营造出崇尚科学创新和弘扬科学家精神的良好社会氛围，对于妇女儿童科学素质的提升起到了引领作用。中华女子学院2020级网络新媒体专业与播音主持专业近百名学生参与了中国科协课题《巾帼科技力量，女性科学家优良学风的传承与传播》项目活动，对10余位中国优秀的女性科学家故事进行视频化的呈现与微信公众号的传播，涉及天文、医学、核科学等不同领域，促进了女大学生对科学家精神的学风建设与传承。

（三）强化网络安全，规避女性创业与数字鸿沟治理的风险点

没有网络安全就没有国家安全。数字经济已创造了上千万个女性从业机会，而女性对互联网知识的积累，并不意味着数字媒介素养的提高。我们在加快数字化基础设施建设、扩大宽带网络和第五代移动通信网络覆盖的同时，

还要加强对女性创业者的数字技能培训，重视女性创业者的数字伦理观及安全法规教育。

增强自我数字隐私保护的意识，提高批判性吸收网络信息的能力，合理运用数字媒介资源进行创业活动。例如，2022年中华女子学院网络新媒体专业的学生在暑期凉山支教下乡活动中，开展了网络安全教育的讲座，这有助于提升当地女性对网络信息的辨识能力，并培养她们正确使用网络。再如，在2018年国家网络安全宣传周，全国妇联宣传部与全国总工会网络工作部推出了《女性网络安全宣传手册》，对数字媒介环境下女性创业可能面临的“杀猪盘”（诱导受害人投资和赌博的方式）、网上贷款、晒娃等背后的隐患进行分析教育，帮助女性学习网络安全知识，对规避可能的网络安全风险问题有着积极的作用。

数字媒介环境下女性创业机遇与挑战并存。一方面，数字经济为女性创造了更多创业就业的机会，降低了女性创业的门槛，缩小了城乡女性的差距，使得原本生活在偏远地区的女性也有机会进行数字媒介的创业，女性数字劳动的比例不断提升；另一方面，数字性别鸿沟依然存在，女性数字创业者的规模、质量与男性相比依然存在差异。为了促进网络空间中的女性平等享有数字红利，提升女性参与数字经济高质量发展的能力，还需要进一步完善相关的法律法规和政府激励政策，普及女性科学素养与创造女性就业创业的氛围，为女性数字创业提供有力的支持与保障，真正释放女性力量。

PART

2

第二部分

新媒体运营的模块

新媒体运营的主要模块包含用户运营、内容运营、产品运营和活动运营，而衍生模块还包括平台运营、社群运营、店铺运营等。这些模块相互关联，共同助力品牌在繁杂的数字环境中建立显著的存在感，并与目标受众建立深厚的连接。

第三章
新媒体用户运营

用户运营人员的关键绩效指标（KPI）主要包括总用户量的增长、某一类优质用户群体的占比增长、用户黏性、特定目标人群的渗透率等。

第一节　新媒体用户概况

当前的新媒体用户不再局限于单一的社交媒体或内容平台，而是在多个平台上活跃。同时，随着智能手机的普及，移动设备已经成为新媒体用户的主要接入点。用户越来越习惯于在社交媒体平台上购物，这也促使了社交电商的兴起。越来越多的普通用户开始成为内容创作者，分享自己的生活、知识和经验。

一、用户数量与增长趋势

在全球范围内，新媒体已经成为信息传播和交流的主导力量。对于用户数量与增长趋势，近年来，随着互联网的普及和移动设备的广泛使用，全球新媒体用户数量持续增长。截至 2024 年 1 月 5 日，互联网用户数量为 53 亿。全球平均每个互联网用户每天在线近 7 小时。[①] 这些数据显示了互联网在全球范围内的持续增长和影响力。

二、用户行为与消费习惯

新媒体已经深刻地影响了人们的日常生活。社交网络已经成为全球最受欢迎的在线活动之一。这些数据揭示了新媒体在全球范围内的普及程度和用户的在线活动偏好。

1. 内容消费的多样性

过去，人们主要通过传统媒体如电视、报纸和广播获取信息。但现在，尤其是年青一代，更倾向于使用社交媒体和其他数字平台。例如，TikTok、Instagram 和 Snapchat 等平台提供的短视频和图像内容，使用户可以快速、轻松地消费信息。这种快节奏、碎片化的内容消费方式，已经成为主流。

2. 品牌与用户的互动

社交媒体不仅是一个信息发布的平台，它还为品牌和用户提供了一个直接互动的场所。根据网民行为分析机构之一全球网络指数（Global Web Index）的研究，许多用户表示，他们在社交媒体上“关注 / 查找有关产品 / 品牌的信息”。这意味着，品牌现在有更多的机会直接与潜在客户互动，了解他们的需求和反馈。

3. 个性化的消费体验

数字技术使得品牌可以根据每个用户的行为和偏好，为其提供个性化的内容和推荐。例如，许多电商网站和应用都使用算法，根据用户的浏览历史和购买记录，为其推荐相关产品。这种个性化的消费体验，不仅提高了用户

① WSR团队：《100 多个互联网统计数据和趋势》，https://www.websiterating.com/zh-CN/research/internet-statistics-facts。

满意度，也增加了转化率。

4. 移动设备的普及

智能手机和平板电脑的普及，使得用户可以随时随地访问社交媒体和其他数字平台。这也导致了用户行为的变化，例如，许多用户更喜欢在移动设备上购物、观看视频和与朋友互动。

三、地域差异与文化特点

尽管新媒体在全球范围内都有所普及，但地域差异与文化特点仍然显著。不同的地域和文化背景下的用户在使用新媒体时会有不同的习惯和偏好。例如，西方国家的用户可能更加重视个人隐私和数据安全，而亚洲国家的用户则可能更加注重社交和互动。此外，不同的文化和传统也会影响用户对于内容、信息的接受度和解读。这些差异不仅体现在使用习惯和偏好上，更体现在价值观、信仰和文化传统上。

在美国和英国，新媒体的使用也非常普及。Facebook、推特（Twitter）和 Instagram 等社交媒体平台在这两个国家都有大量的用户。但与东亚国家不同，美国和英国的新媒体文化更加多元、开放。这两个国家都有来自世界各地的移民，这使得其新媒体内容充满了多元文化的元素。此外，硅谷和伦敦都是全球技术创新的中心，这也推动了新媒体技术和内容的不断创新。

在东亚的中、日、韩三国，新媒体的使用率非常高。这三个国家都拥有先进的技术基础设施和高度数字化的社会。截至 2023 年 12 月，我国网民规模达 10.92 亿人，较 2022 年 12 月新增网民 2480 万人，互联网普及率达 77.5%。[①] 社交媒体，特别是微信和微博，在日常生活中扮演着重要的角色。日本和韩国的情况也类似，韩国即时通信软件 Line 和 Kakao Talk 分别在这两个国家非常受欢迎。但除了技术因素外，文化也在其中扮演了重要的角色。

---

① 中国互联网络信息中心：《第53次中国互联网络发展状况统计报告》，https://www.cnnic.cn/n4/2024/0322/c88-10964.html。

例如，韩国的流行音乐 K-pop 和韩剧在全球范围内都有大量的粉丝，而这在很大程度上得益于新媒体的推广。

共建“一带一路”国家中有许多发展中国家，这些国家的新媒体用户数量虽然相对较少，但增长速度非常快。以印度为例，截至 2021 年 12 月，印度有 6.46 亿 2 岁及以上的活跃互联网用户。过去两年中，女性用户的增长率高达 61%，而男性用户的增长率仅为 24%。其中，观看视频和收听在线音乐则是互联网上的五大活动之一。[①] 这得益于数字化普及和低廉的数据价格。此外，随着技术的发展和经济的增长，这些国家的新媒体市场仍然具有巨大的潜力。

总的来说，不同的地域和文化背景为新媒体用户带来了不同的特点和习惯。对于品牌和企业来说，了解这些差异并据此制订策略是非常重要的。

第二节　用户运营的定义、目标与策略

一、用户运营的定义

用户运营是新媒体领域中至关重要的一环，它直接关系到一个平台或品牌能否持续吸引和留住用户。为了有效地进行用户运营，运营人员需要依赖一系列 KPI 来衡量和评估他们的工作效果。用户运营主要包括用户的拉新、促活、留存和转化四个方面的工作。

1. 拉新（Acquisition）

拉新指的是吸引并获取新用户的过程。为了有效地拉新，品牌和企业需要深入了解目标市场、潜在用户的需求和行为，并采用有效的营销策略来吸

① 尼尔森：《尼尔森的 Bharat 2.0研究显示，自2019年以来，印度农村地区的活跃互联网用户增长了45%》，https：//www.nielsen.com/zh/news-center/2022/nielsens-bharat-2-0-study-reveals-a-45-growth-in-active-internet-users-in-rural-india-since-2019/。

引他们进行首次使用或购买。

滴滴打车，初期采用了大量的补贴策略来吸引用户。用户可以得到显著的折扣，甚至免费的出行服务。这种补贴策略使滴滴在出行市场中迅速获得了大量的新用户，并为其在与其他对手的竞争中取得了优势。

2. 促活（Activation）

促活指的是激活和鼓励用户更加积极地使用产品或服务的策略。这可能涉及提供特别的激励、优化用户体验或通过其他方式提高用户的参与度。

微信，中国的一个社交通信平台，在促活用户方面有很多成功的策略。例如，其推出的“红包”功能，允许用户在特定的节日或事件中发送数字红包给朋友或家人，这大大增加了用户的互动和活跃度。此外，微信还经常通过推出新的功能和优化现有功能来提高用户的参与度。

3. 留存（Retention）

留存关注的是保持已有用户并减少流失。这通常需要确保用户对产品或服务持续满意，并及时解决他们可能遇到的任何问题。

支付宝，中国的一个主要支付平台，通过提供一系列的增值服务来提高用户留存率。除了基本的支付功能外，支付宝还提供了如余额宝（一种投资产品）、水电费缴纳、机票订购等服务，使其平台成为用户日常生活的一部分，从而增加用户的黏性。

4. 转化（Conversion）

转化指的是鼓励用户从一种状态转变到另一种状态，如从浏览者转变为购买者。有效的转化策略需要深入了解用户的购买决策过程，并提供合适的激励。

比如，健身软件 Keep 通过提供一系列的优惠和活动，鼓励用户购买其付费服务，如限时打折、赠送额外的使用月份等。此外，为了满足不同用户的需求，Keep 还提供了多种付费方案，如单次购买、季度会员、年度会员等。尤其是通过线上马拉松奖牌的方式，充分地满足了用户获取盲盒后分享的积极性，得到了很好的转化效果。尽管Keep也做过线下健身房、器械、食品等，但是与奖牌相比收效不如预期。

二、用户运营的目标

衡量用户运营成功与否的最基本指标是总用户量的增长。它反映了平台或品牌在一段时间内吸引新用户的能力。一个健康的增长率通常意味着运营策略是有效的，而且品牌或平台具有较强的市场吸引力。

不同的用户群体对于品牌或平台的价值是不同的，所以某一类优质用户群体的占比增长也值得关注。例如，某些用户可能更愿意进行购买，而其他用户可能更倾向于社交互动。通过跟踪某一类优质用户群体的占比增长，运营人员可以更有针对性地进行策略调整，以吸引更多的高价值用户。

另外，用户黏性反映了用户对平台或品牌的忠诚度和活跃度。高黏性意味着用户经常回访，并且在平台上花费更多的时间。常用的衡量用户黏性的指标包括日活跃用户（DAU）、月活跃用户（MAU）以及用户平均使用时长等。

除了上述 KPI，用户运营人员还需要关注其他与用户体验、满意度和留存率相关的指标。这些指标可以帮助运营人员更全面地了解用户的需求和行为，从而制订更有效的运营策略。

三、用户运营的策略

1. 进行用户画像

用户画像是对特定用户群体特点的高度总结，其目的是为平台或品牌提供更深入的对目标用户的认识，从而提供更为精确的服务和产品。有效的用户画像不只是一堆冷硬的数据，而是对用户背后的故事和行为模式的细致描述。这样的描述通常是通过提炼用户标签并结合实际用户故事来完成的。

用户标签＝用户基本属性＋获取用户路径＋用户使用场景

首先，要回答“用户是谁”这一问题。这意味着要探索用户的基本身份信息，如年龄、性别、地理位置、教育背景、职业和收入等。例如，张女士，32 岁，居住在上海，拥有大学学历，工作是中学教师，每月收入约 1 万元人民币。这些基本信息为我们提供了用户画像的基本框架。

其次，要探索“用户的能力”。这需要我们了解用户在特定领域的熟练程度、购买习惯，以及常用的信息获取途径。以张女士为例，她每天都使用智能手机，对各种应用都很熟悉，经常在淘宝和京东上购物，并主要通过微信和微博获取信息。这些细节可以帮助我们了解用户在日常生活中的行为模式。

最后，为了更全面地了解用户，需要回答“用户在做什么”。这涉及用户的行为习惯、与产品或服务的互动方式，以及他们的需求和痛点。例如，张女士每周至少三次使用教育类应用程序来辅助她的教学。她希望能找到一个具有丰富教育资源和教学方法的平台，但常常遇到内容更新不及时的问题。这些深入的了解使我们更好地满足用户的实际需求，同时为我们提供了改进产品或服务的方向。

2. 用户生命周期运营

用户运营中的“用户生命周期”指用户与品牌或产品从首次接触到最终离开的整个过程。在这个过程中，用户会经历不同的阶段，每个阶段都有其特定的特点和需求。以下是用户生命周期的常见阶段。

认知阶段（Awareness）指用户首次了解到品牌或产品，可能是通过广告、口碑、社交媒体等渠道。在这个阶段，品牌需要提供有吸引力的信息，引起用户的关注和兴趣。例如，加拿大品牌露露乐蒙（Lululemon），起初是一个瑜伽品牌，现在已经逐步扩展成为全球知名的运动与休闲装品牌。该品牌成功的用户运营策略融合了其产品、品牌文化与社群策略。认知阶段的 Lululemon 通过在瑜伽和健身社区里的口碑营销，开始逐渐被人们认知。品牌经常与健身和瑜伽教练合作，通过他们来宣传品牌。在店铺的选择上，Lululemon 往往选择临近健身房或瑜伽工作室的地点，这不仅便于客户试穿并前往锻炼，也增加了品牌的可见度。

兴趣阶段（Interest）指用户对品牌或产品产生了兴趣，开始主动寻找更多的信息；品牌需要提供详细的产品信息、用户评价、案例等，帮助用户了解产品的价值。

考虑阶段（Consideration）指用户开始考虑是否购买产品，可能会比较不同的品牌和产品。品牌需要提供有竞争力的优惠、服务承诺等，促使用户作出购买决策。例如，Lululemon 经常组织免费的瑜伽和健身课程，吸引潜在客户，产生兴趣、促进购买。在全球各地的店铺，如北美、欧洲和亚洲，都可以看到品牌组织的免费社区健身活动。与此同时，该品牌在社交媒体上分享活动照片，进一步增加品牌吸引力。

购买阶段（Purchase）指用户决定购买产品，并完成购买过程。品牌需要提供简单的购买流程、安全的支付方式、良好的售后服务等，确保用户的购买体验。

使用阶段（Usage），用户开始使用产品，并根据使用体验形成对品牌的认知。品牌需要提供使用指南、在线支持、产品更新等，确保用户的使用体验。新客户首次购买后，Lululemon 会通过邮件营销推送产品护理建议、新品信息和特别优惠。例如，新买了瑜伽垫的用户可能会收到如何清洁和储存瑜伽垫的提示，同时为其推荐与之搭配的瑜伽装备。

忠诚阶段（Loyalty），用户对品牌产生了忠诚感，可能会再次购买或推荐给他人。品牌需要提供会员优惠、忠诚计划、专属服务等，增强用户的忠诚度。为了鼓励忠实用户的宣传，Lululemon 有一系列的会员计划和激励机制。品牌推出的“大使计划”（Ambassador Program），包括与当地健身和瑜伽教练的合作，教练们会在社交媒体上分享自己穿着 Lululemon 的健身照片和视频，进一步推广品牌。

推荐阶段（Advocacy），用户成为品牌的忠实粉丝，主动为品牌做口碑推广。品牌可以通过推荐计划、用户评价、社交分享等方式，鼓励用户为品牌传播口碑。为了保持用户的持续参与，Lululemon 除了其高品质的产品外，还侧重于打造社群文化，如“Lulucommunity”，鼓励用户分享他们的健身旅程，邀请用户参加线下的瑜伽或冥想活动，增强用户的归属感。

流失阶段（Churn），用户可能因为各种原因，如产品问题、服务不满意、找到了更好的替代品等，而选择离开。品牌需要通过用户调查、流失分析、挽留策略等方式，尝试挽回流失用户，或者从中获取反馈，改进产品和服务。

理解用户生命周期的不同阶段，可以帮助品牌更好地满足用户的需求，提高用户的满意度和忠诚度，从而实现长期的用户运营目标。Lululemon 成功地结合了产品、文化和社群策略，从用户运营的各个生命周期阶段为用户提供有针对性的服务和体验，从而建立起了稳固的客户群体。

3. 用户分层 RFM 模型

用户分层指根据用户的行为、属性、价值等特点，将用户划分为不同的层级或类别的过程。这种分层策略可以帮助平台或品牌更精准地识别和满足不同用户群体的需求，从而实现更有效的用户运营和管理。

用户分层的目的是更好地满足不同用户群体的需求，提高用户满意度和忠诚度，从而实现更有效的用户运营和管理。通过对用户进行精准的分层，平台或品牌可以制订更有针对性的营销策略和活动，提高营销效果和投资回报率（ROI）。

常见的用户分层方法为 RFM 模型。R（Recency），用户的最近一次购买或互动时间；F（Frequency），用户在一定时间内的购买或互动频率；M（Monetary），用户在一定时间内的购买金额或价值。根据这三个维度，用户可以被划分为高价值、中价值、低价值等不同的层级。

一个电商平台可以借助 RFM 模型对其客户进行细分，以便更有效地进行市场营销活动。例如，他们收集了所有客户在过去一年的购买数据。

Recency：客户小王上次购买的时间是 10 天前，所以他的 R 值是 10；而客户小李是 3 个月前购买的，他的 R 值是 90。

Frequency：在过去的一年里，客户小王购买了 15 次，所以他的 F 值是 15；而客户小李只购买了 5 次，所以他的 F 值是 5。

Monetary：客户小王在过去的一年里总共消费了 5000 元，所以他的 M

值是 5000；而客户小李消费了 2000 元，他的 M 值是 2000。

根据这三个维度，电商平台可以为小王和小李设计不同的营销策略。例如，由于小王是一个高价值客户（低 R、高 F 和高 M 值），他们可以为他提供专属的折扣或优惠。而对于小李，由于他很久没有购买，他们可以向他发送一些回归优惠，鼓励他再次购买。总的来说，RFM 模型为企业提供了一种简单但有效的方式，对客户进行分类，并针对不同的客户群体制订相应的市场策略。

第三节　用户运营的要求与女性用户

一、用户运营的职能和岗位要求

用户运营是一项涉及多方面的工作，其主要目标是通过各种策略和手段，提高用户的活跃度、满意度和忠诚度，从而实现长期的用户增长和价值最大化。以下是用户运营的主要职能和岗位要求。

1. 用户运营的主要职能

用户分析：对用户数据进行深入分析，了解用户的行为、需求、偏好等。通过用户分层、细分、画像等方法，识别不同用户群体的特点和需求。

用户增长：制订和执行用户获取、激活、留存等策略，实现用户的持续增长。通过各种营销活动、推广策略、合作伙伴等方式，吸引新用户。

用户互动：制订和执行用户互动策略，如社区管理、用户活动、内容营销等。通过各种互动方式，提高用户的活跃度和参与度。

用户满意度管理：对用户的反馈和建议进行收集、分析和处理。通过用户调查、满意度评估等方式，了解用户的满意度和忠诚度。

用户价值最大化：制订和执行用户价值提升策略，如会员计划、忠诚计划、推荐计划等。通过各种方式，提高用户的生命周期价值和利润贡献。

2. 用户运营的岗位要求

教育背景：通常要求有市场营销、商务、管理等相关专业的学士学位或硕士学位。

工作经验：通常要求有 2 ～ 5 年的用户运营、市场营销、产品管理等相关工作经验。

数据分析能力：能够熟练使用各种数据分析工具，如谷歌分析（Google Analytics）、可视化数据分析软件（Tableau）等，进行用户数据的收集、分析和解读。

沟通能力：需要与多个部门（如市场、产品、技术等）进行跨部门合作，因此需要有良好的沟通和协调能力。

创新思维：能够根据市场和用户的变化，不断创新和优化用户运营策略。

执行能力：能够制订并执行用户运营计划，确保达到预定的目标。

学习能力：用户运营是一个不断变化的领域，需要有持续学习和自我提升的能力。

总的来说，用户运营是一项涉及多方面的工作，需要有深入的用户理解能力、数据分析能力、创新思维和执行能力。通过对用户进行精准的运营，可以实现用户的长期增长和价值最大化。

二、女性用户群体的特点与运营

1. 新媒体女性用户群体的特点

新媒体女性用户群体在社交目的、内容偏好、平台选择和自我展示等方面与男性存在明显的差异。研究显示，与男性相比，女性更倾向于使用社交平台来与人建立和维持现有的联系，而不是寻求新的关系。在内容分享上，女性更喜欢讨论私人话题，如家庭和关系，而男性则更多地关注抽象话题，如政治。此外，女性更偏爱视觉导向的社交平台，如拼趣（Pinterest）、Facebook 和 Instagram，而男性则更喜欢文本导向的平台，如红迪（Reddit）。在自我展示方面，女性更喜欢发布与眼神直接接触的肖像照，与此不同，男性更喜欢发布包含其他人的全身照。

社交媒体上的交流方式也反映出男女之间的差异。数据显示，女性在社交平台上的交流更加情感化，而男性则更注重事实导向的话题，如政治和体育。这种差异不仅体现在话题选择上，还体现在语言和表达方式上。

除了上述特点，新媒体女性用户还具备一定的媒介素养和技术能力。她们能够批判性地分析和评估媒体内容，识别假新闻和误导性信息。同时，她们也熟悉和掌握了基本的数字技术，如搜索、分享和编辑。在社交互动方面，她们能够有效地与他人互动，建立和维护社交关系。最后，隐私保护也是她们关注的重点，她们了解如何保护自己的隐私和数据安全，避免不必要的风险。

2. 新媒体女性用户群体的运营

新媒体女性用户群体的运营首先需要深入了解她们的需求和兴趣。进行市场调研和用户调查是关键，这可以帮助我们了解女性用户的兴趣、需求和痛点。同时，分析女性用户的行为数据，如浏览、点击和购买行为，也是至关重要的，因为这可以帮助我们更好地了解她们的喜好和习惯。

内容创作是新媒体运营的核心。为女性用户创建相关的内容是必要的，包括与女性生活、工作和兴趣相关的内容，如时尚、美容、健康和职场等。同时，我们需要确保内容的多样性，以满足不同年龄、文化和背景的女性用户的需求。在内容创作中，我们还需要建立一个真实、正面的女性形象，避免使用刻板印象和性别偏见，而是展现真实、多元的女性形象，并强调女性的力量、智慧和独立性。

除了内容创作，为女性用户提供一个安全、友好的互动环境也是非常重要的。这意味着我们需要加强社交媒体和社区的管理，确保女性用户在互动时不受到骚扰或攻击。此外，与女性相关的品牌、机构和公益组织的合作也可以帮助我们更好地服务女性用户，共同推广和宣传。最后，持续的优化和迭代是确保运营策略始终与女性用户的需求和市场趋势保持一致的关键。

总之，运营女性用户群体时，需要深入了解女性的需求和兴趣，提供与女性相关的内容和服务，建立真实、正面的女性形象，提供安全、友好的互动环境，关注女性特定的需求和问题，建立与女性品牌和机构的合作，并持续优化和迭代。

扩展阅读　从李子柒走红看海外用户运营[①]

2020 年年初，“李子柒现象”引起了传媒行业内外人士的广泛讨论。《人民日报》海外版刊登的《李子柒治愈了什么》中提到她主要是在一些自媒体平台上发布自己制作美食的短视频。在国外知名自媒体平台上，她的订阅量几乎和美国有线电视新闻网（CNN）差不多。截至 2019 年 12 月 21 日笔者统计，李子柒在 YouTube 上有 768 万的订阅者，点赞 16 万，其中《年夜大餐》点击量达到 1255 万，《一颗黄豆到一滴酱油传统手工酿造》播放量也已经达到了 433 万次。李子柒在国外媒体上走红是不是一个偶然的事件，她所依托的 YouTube 海外受众群体是谁，运营机制与逻辑是什么，对未来传统媒体与组织机构又有什么启发，本文将围绕这些问题展开分析。

一、短视频“出海”：提升中国国际传播的新路径

互联网技术的发展使得海外受众对中国的了解路径多元化，为了进一步提升中国的国际话语权，就需要转变以往的对外宣传方式，需要对海外受众进行深入的研究。“李子柒短视频出海现象”之所以会引起国内广泛的关注，

---

① 本文节选自《传媒》2020年2月刘旸撰写的《短视频“出海”：基于海外受众视角的YouTube运营解析——从李子柒海外走红说起》一文。

与其具有的三个新元素有关：非官方、短视频、女性自媒体人。

（一）非官方“媒介外交”有助于扩大传播新格局

央视新闻在评论文章《我也蛮自豪，因为我就是李子柒作品背景里的一个点》中称李子柒的视频“没有一个字夸中国好，但她讲好了中国文化，讲好了中国故事”。以前，人们很少认识到借助非官方媒介来实现公共外交。事实上，一个国家或者民族的日常经验、价值体系以及身份认同会在媒介所建构的一个重要的符号和话语空间当中得到阐释和表达，所以也被称为“媒体外交”。

一般媒介外交有四种传播载体：官方媒体的国际分支机构、官方媒体之外的传播媒介、外国驻华记者与外国媒体本身。我国媒体“出海”的目标很难仅通过中国官方媒体来实现，还需要多种媒体载体配合，尤其是非官方媒体不容忽视。它们包括了中国的商业媒体机构，如爱奇艺正式推出了服务全球用户的产品宣布进军东南亚市场；自媒体人，如“李子柒”“办公室小野”“滇西小哥”在 YouTube 上中国区排名前三；以及留学生、商务人士等。

（二）短视频“媒体矩阵”有助于构建传播新秩序

短视频已经成为主流媒体提升“四力”（传播力、引导力、影响力、公信力）所必须面对的一个重要课题。中国传媒要抓住媒体融合的机遇，充分利用互联网的传播优势，实现以往单一传统媒体传播到与互联网融合的复合传播转变。尤其是当前社交媒体的蓬勃发展及其对受众的直接对接性、高占有率、高黏性，我国传媒在进行传播规划时要重点考虑 YouTube、Facebook、Twitter、Instagram 等社交平台。

李子柒的短视频只是众多中国标签的短视频之一，目前中国权威媒体很多已经入驻 YouTube，包括中国中央电视台、中国国际电视总台、中国环球电视网（CGTN）、上海广播电视台、北京电视台、湖南卫视、浙江卫视、湖北卫视、安徽卫视、华策影视，以及腾讯视频等。根据此前北京师范大学京师中国传媒智库对外发布《中央媒体海外网络传播力报告（2016)》显示，我国中央媒体的海外传播力与亚洲主流媒体旗鼓相当，其中《人民日报》与中央电视台的传播力总得分甚至超过了日本的《朝日新闻》。[①]

（三）“她力量”性别传播有助于增加传播新视角

YouTube 上的李子柒，只是一个让千万外国人看到中国美好的普通姑娘。正如 2015 年国家主席习近平在纽约联合国总部出席并主持全球妇女峰会开幕式上发表的讲话中提到“在中国人民追求美好生活的过程中，每一位妇女都有人生出彩和梦想成真的机会”。

女性在与外界沟通方面的确有着天然的优势。周恩来总理曾将外交官比作“文装解放军”。那么，我国外交部新闻司第一位女司长华春莹就是“蓝厅”里的一位“红装解放军”。她外形温雅、语声轻软，但观点掷地有声，不容辩驳。2019 年 5 月，史上首次中美两国女主播“约辩”事件中的中国国际电视台知名女主播刘欣以个人身份出席，面对美国福克斯商业频道女主播翠西 · 里根提出的中美摩擦等问题从容不迫、端庄典雅，表达的观点柔中有刚，更容易被海外受众所接受。

二、海外受众的短视频需求与 YouTube 的运营规则

国际传播应在宏观上注重战略布局，微观上讲求方法效果。研究国际传播力框架模式之一便是“受众—效果模型”，即从受众角度切入，通过考察受众一系列活动，评估传播效果。通过李子柒短视频“出海”事件，我们也应该深入研究以 YouTube 为代表的国际新媒体的受众需求的特点和运营推荐规则，更好地生产出能够产生身份认同与文化融合的作品。

---

① 《央媒海外网络传播力报告发布 新华网位列中央新闻网站之首》，http://www.xinhuanet.com/politics/2016-11/23/c_1119975005.htm。

（一）找准海外定位：自我解压与文化认同

李子柒的短视频内容是以“美食默片”的形式，在低语言壁垒下，为国外用户提供了了解中国文化的窗口。其实，YouTube 多年来已经从一个简单的视频发布网站转变为一个紧密协作的创意社区。一位 YouTuber（油管博主）在接受采访时说：“很多人都不明白为什么我喜欢花时间观看视频，这些视频最终不会给我带来好处，在学习休息或在漫长的一天之后放松身心的同时，我喜欢拿出手机，逃到 YouTube 的世界。”该短视频平台用户年龄主要集中在 18 ～ 24 岁，被 YouTuber 视为同龄人，是青少年身份建设的主要社会参考。他们通过传递这种自我印象，完成与他人之间的关系认同、性别取向与职业认同。

（二）提高海外曝光：栏目包装与算法推荐

由于 YouTube 用户 80% 基于系统推荐机制选择观看，并通过“猜你想看的”“被大多数人看过且爱看的”“看过且产生互动的”“更值得推荐的”进行层层算法推荐。因此，提高内容曝光度，扩大受众观看机会，增加观看时长就尤为关键。李子柒的栏目就具有鲜明的包装特色，具有快速的辨识度。她的短视频通常配有清雅的音乐和文艺的画面，在行云流水间，超然的意境呈现出来，模块化栏目细分、统一的视频风格，有利于用户产生好感、方便用户记忆。除此之外，短视频运营还需要注意视频标签、封面定制、标题描述、多语言运营、资产管理、版权维护等，每个细节运营好，都会给用户宾至如归的感觉。

（三）增加受众黏性：会员制与社区化运营

李子柒的海外受众关注度高，如何提升受众的忠诚度、保持短视频的黏性，还有待长期观察。我们梳理并参照了 YouTube 平台上其他长期注册账号，提炼出了会员运营的 5 种常见方法：身份认同、个性化内容、经营帖子、社区互动与实物奖励。为了增加粉丝身份认同，可以设计会员特色勋章及个性化表情培养会员归属感，名为“Wintergatan”的账号就以自己名字命名了一款徽章，上面带有笑脸图案的胶合板齿轮图案，为用户提供了能够表达自我的独特方式；专注吉他课程培训的“Ola England”则通过提供抢先观看常规内容、直播示范练习曲等方式提供会员福利；从事美妆短视频的 YouTuber 则多是通过提供商品的折扣与组织调查来完善视频内容。除此之外，提供专享壁纸、在直播首映中启用会员专享聊天功能、回复会员帖子中的评论等也能有效增加用户黏性。

三、短视频“出海”对传统媒体受众运营的启发

跟随 YouTube“出海”计划明确提出，账号上的自媒体需要有 4000 小时的观看时间，并且拥有超过 1000 个会员，以及开通了谷歌的广告服务 AdSense 账号的自媒体账号就可以加入该计划。而且 YouTube 会给予自媒体人扣除本地收入之后会员收入的 70%，大于其他平台的分享机制。李子柒只是上述计划中的成功案例之一，未来借鉴其他国家构建和运筹话语权的经验，打造中国特色、中国风格、中国气派的话语体系，提炼宣传好与人类共同价值的共鸣点，还需要在运营的同时注意以下三个方面。

（一）用数据理解海外受众

数据是一切运营的核心，运用海外媒体平台基础数据，结合自身优势，我们可以找准频道定位。比如，湖南卫视芒果 TV 官方频道，就是以综艺节目为主，以海外华人用户为对象；腾讯视频则不同，以海外主流人群为对象，提供多样化的年轻节目。我们可以从相似内容的横向与纵向数据中，提炼出词汇的热度趋势、长尾关键词，分析用户的社区属性，发现他们的兴趣，从而剪辑制作出引起用户共鸣的精彩片段。我们还可以追踪首播活跃时间发现用户的观看习惯，比如在周二和周五，帖子的评论数较高，所以可在这两天持续发布大量有效内容。以此为依据更好地制订排期计划。

（二）全球化的也是本地的

我们需要根据海外短视频运营目标，在地区、人群属性、节目品牌形象等方面实施不同的内容播出策略。比如，不同地区的语言特征、用户习惯与互动方式不同。《奔跑吧》根据海外用户评论热点，抓住文化的差异互动点进行传播，推出了相关的个人专辑。又如，不同剧集的品牌形象、调性和口碑不同，多数传统媒体出海的时候都会注意本地化的包装，制作出符合海外特点的标题与图片。

（三）全媒体矩阵跨界联动

全媒体矩阵推广导流可以分为三个层次。第一个层次是频道内部的受众联动。比如频道定制化包装、频道社区互动式推广、利用粉丝资源宣传内容等，这种尤其适用于本地化的频道推广。第二个层次是同平台不同频道之间的联动。比如，与其他频道资源置换、利用平台内部的多频道网络（MCN）交叉推广等。第三个层次是外部跨平台联动。可以寻求社交媒体上的关键意见领袖（KOL）合作推广，例如利用 Facebook 视频亮点推荐、Instagram 内容资讯，以及其他专业论坛等借助外部资源推广。最后，推广过程中还需要注重版权，尤其是音乐版权，防止侵权事件发生。

展望未来，随着 5G 时代的到来，短视频应用渠道被进一步拓宽，短视频创作目的将会发生转变。正如华春莹在《占据道义制高点　提升国际话语权》一文中写："必须重视 5G 时代给社会治理和人们生活方式带来的变化，积极探索推动媒体融合纵深发展并进军海外社交媒体，为中国道义力量插上翅膀，确保中国话语第一时间占领道义高地。"相信未来会有更多新媒体形态参与到传播中来，也会有更多优质的反映中国特色社会主义核心价值观的短视频内容涌现。李子柒短视频"出海"事件只是一个引子，发生的时代背景及其对传统媒体和个人的启发，才是更宝贵的经验。

第四章
新媒体内容运营

在一个日益全球化和数字化的世界中，如何精准地创作、分发与优化内容以满足不同地域和文化背景受众的需求，从而确保信息的有效传播和最大化的受众参与度就显得十分重要。

第一节　新媒体内容概况

一、内容主要类型与特点

近年来，短视频平台如TikTok和YouTube Shorts在全球范围内迅速崛起。根据美国商业内幕网（Business Insider）的数据，YouTube Shorts的观看量从2022年的300亿次增长至今已达到500亿次。[①]这种形式的吸引力在于其简短、直观和互动性，使内容创作者能够迅速吸引观众并与他们建立联系。直播内

① 品玩：《揭秘：YouTube Shorts开启广告分成一个月，短视频创作者收入如何？》，https://www.pingwest.com/a/278424。

容，尤其是在 Twitch 和 Instagram Live 一类平台上，也为品牌和个人创作者提供了与受众实时互动的机会。在印度，平台如 Share Chat 和 Moj 已经吸引了数亿用户，提供各种各样的短视频内容，从舞蹈、歌曲到日常生活的小片段。此外，Snack Video（快手投于东南亚市场的产品）也受到了广大用户的欢迎。抖音和快手是中国最受欢迎的短视频平台。这两个平台的内容创作者每天都在发布各种各样的内容，从美食、旅行到技能教学。

社交媒体平台，如 Instagram、Facebook 和 Twitter 已经成为内容创作者与其受众互动的主要渠道。2023 年的趋势表明，社区驱动的内容和原创性正变得越来越重要。例如，UGC 已经成为品牌非常受欢迎的内容形式之一。在印度尼西亚，社交媒体平台 LINE 非常受欢迎，除了基本的消息功能，还提供了各种互动游戏和贴纸。而在埃及，Facebook 和 WhatsApp 是最受欢迎的社交媒体平台，用于与家人和朋友保持联系。微信是中国最受欢迎的社交媒体平台，提供了消息、支付、购物和各种其他功能。此外，微博也是中国一个受欢迎的平台，用于分享新闻和更新。

教育娱乐内容正在成为主流，结合教育和娱乐的内容形式受到了广大受众的欢迎。此外，知识付费平台如 Substack 和 Patreon 允许内容创作者为其专业知识和独家内容收费，为他们提供了一个新的收入来源。在马来西亚，平台 OpenLearning 提供了各种在线课程，从商业、技术到艺术。而在土耳其，平台 Udemy 也受到了广大用户的欢迎，提供了各种各样的在线课程。知乎 Live、得到和喜马拉雅都是中国受欢迎的知识付费平台，提供了各种专家讲座、课程和音频内容。

新闻和资讯的消费方式也在发生变化。社交媒体平台已成为许多人获取新闻和更新信息的主要来源。此外，与传统新闻机构相比，独立的新闻创作者和博主正在获得更多的关注与信任。例如，领英（LinkedIn）上的内容创作者脱颖而出，他们在帖子中融入个性，并在其领域中建立了专家地位。在泰国，新闻应用 Line Today 提供了各种新闻和更新，从政治、经济到娱乐。而在哈萨克斯坦，平台 Tengri News 是一个广受欢迎的在线新闻来源。今日头条和腾讯新闻是中国最受欢迎的新闻应用，提供了各种新闻和更新，从国内、国际到娱乐和体育。

以上这些内容类型和特点反映了新媒体在全球范围内的发展趋势，以及内容创作者如何适应这些变化来吸引和保留其受众。

二、内容创作与分发策略

1. 针对不同地域与文化的内容本地化

内容创作与分发的全球策略在当今的数字化时代显得尤为关键。随着全球化进程的加速，内容需要跨越文化和地域的界限，这要求内容不仅进行语言翻译，还需对文化、价值观和习俗进行深入的尊重和理解。进行市场调研可以帮助我们了解目标地区的文化和习俗，而与当地的内容创作者和文化顾问合作则可以确保内容的准确性和相关性。例如，Netflix 在进入印度市场时，不仅提供了印地语、泰米尔语和其他当地语言的内容，还制作了针对印度观众的原创节目，如《神秘巨星》和《德里罪案》。

2. 多平台与多渠道的内容分发策略

随着数字技术的发展，用户现在可以通过各种设备和平台访问内容。为了最大化内容的覆盖率和影响力，需要在多个平台和渠道上分发内容。确定目标受众最常使用的平台和渠道是关键，而根据每个平台的特点调整内容的格式和风格则可以确保内容的最佳展现。数据分析工具的使用可以帮助我们跟踪内容的表现和效果，从而不断优化分发策略。英国广播公司新闻网（BBCNews）就是一个很好的例子，它在全球范围内提供了多种语言的新闻内容，不仅在其官方网站上发布，还在 Facebook、Twitter 和 YouTube 等社交媒体平台上进行分发。

3. 利用 AI 与大数据优化内容推荐

在信息过载的时代，用户需要更加个性化和相关的内容推荐。通过人工智能（AI）和大数据技术，可以更准确地了解用户的需求和偏好，从而提供更加精准的内容推荐。收集和分析用户的行为数据，如浏览、点击和购买行为，是这一过程的基础。而机器学习和深度学习算法的使用则可以帮助我们建立高效的内容推荐模型。YouTube 就利用了其先进的推荐算法，为用户提供与其兴趣和偏好相关的视频推荐，从而大大增加了用户的观看时间和满意度。

三、内容商业模式与其变革

1. 广告与品牌合作

新媒体内容的商业模式与变革在全球范围内都在经历着深刻的转变。随着数字技术的进步和用户习惯的变化，传统的广告模式已经不能满足现代企业和内容创作者的需求。广告与品牌合作已经成为新媒体内容的主要收入来源。例如，印度的短视频平台 Share Chat 与当地的大型企业合作，为其用户提供定制的品牌内容。这种合作不仅为平台带来了稳定的收入，还为品牌提供了与年轻受众建立联系的机会。

2. 会员与订阅模式

另一种日益受到欢迎的商业模式是会员与订阅模式。这种模式允许内容创作者为其独家和高质量的内容收费，从而获得更稳定和可预测的收入。在越南，新闻应用 ZingNews 与耐克（Nike）合作，推出了付费订阅服务，为其用户提供了无广告和高质量的阅读体验，同时还有机会获得 Nike 的独家优惠和活动。这种模式不仅增加了平台的收入，还提高了用户的满意度和忠诚度。

3. 社交电商与内容电商的结合

社交电商与内容电商的结合也是新媒体内容商业模式的一个重要趋势。通过在内容中嵌入购物链接和推荐，内容创作者和平台可以直接从用户的购买行为中获得收入。在中国，短视频平台如抖音和快手与阿迪达斯（Adidas）、巴黎欧莱雅（L'Oréal）等知名品牌合作，成功地将内容和电商相结合，为其用户提供了“一站式”的购物体验。这种模式不仅为平台带来了巨大的收入，还为这些品牌提供了与目标受众直接互动的机会。

第二节　内容运营的定义、目标与策略

一、内容运营的定义

内容运营主要指通过内容创作、发布、推广和管理，实现品牌或组织目标的一系列策略和实践活动。在互联网时代，内容已经成为连接品牌与用户、创造用户价值、构建品牌声誉和提高用户黏性的关键桥梁。内容运营不局限于纯文字的创作，还涵盖了图像、视频、音频、动画、直播等多种形式，并遵循特定的风格、语调和目标，确保与品牌的定位、目标受众相匹配。

新媒体内容运营在当今的数字化时代起到了至关重要的作用。随着传统媒体的影响力逐渐减弱，新媒体如社交平台、视频网站等已成为品牌和组织与目标受众建立连接的主要渠道。

以下是新媒体内容运营的主要作用。

一是增强品牌曝光度和知名度。新媒体平台拥有巨大的用户基数，通过在这些平台上发布高质量的内容，品牌可以迅速获得大量的曝光，提高其知名度和影响力。

二是建立和加深用户关系。与传统媒体相比，新媒体更注重互动性。品牌可以通过发布有价值的内容引起用户的共鸣，进而促进与用户之间的深度互动和沟通，加深用户的情感连接和忠诚度。

三是促进转化和销售。通过为目标受众提供有针对性的内容，新媒体内容运营可以有效地引导用户进行购买、注册、下载等行为，从而实现销售和其他商业目标。

四是收集用户反馈和数据。新媒体平台上的互动性功能如评论、点赞、

分享等，可以帮助品牌收集到大量的用户反馈和数据，为后续的产品开发和营销决策提供有价值的参考。

五是提供长尾效应。与传统媒体的短暂曝光不同，新媒体上发布的内容具有长时间的生命周期，长时间吸引用户的关注和搜索，从而实现持续的影响力和价值。

六是节省营销成本。相对于传统媒体的昂贵广告费用，新媒体内容运营往往成本较低，但效果却可能更加显著，从而提高营销的投资回报率。

新媒体内容运营在当今的营销领域中扮演着至关重要的角色，它不仅可以帮助品牌增强曝光度和知名度，还可以加深与用户的关系，促进转化和销售，收集用户反馈和数据，提供长尾效应，节省营销成本。

二、内容运营的目标

实施内容运营时，需要考虑的关键要素包括目标受众的需求和偏好、内容的原创性和独特性、发布频率、内容的推广策略等。同时，为了确保内容运营的有效性，还需要定期分析和衡量相关的指标，如访问量、用户参与度、转化率等，进而根据分析结果，不断优化内容策略。

根据腾讯公司公布的 2023 年第二季度的财务报告显示，截至 2023 年 6 月 30 日，微信及 WeChat 的合并月活跃账户数已达到 13.27 亿，同比增长了 2%，几乎覆盖了全中国的人口。[①] 通过在微信发布有价值的内容，品牌可以吸引用户在微信上花费更多的时间，从而增加与品牌的互动机会。

提高转化率。微信的“小程序”功能允许品牌为用户提供“一站式”的购物体验。通过内容运营，品牌可以引导用户访问其小程序，从而实现购买转化。例如，星巴克的微信小程序通过发布有关新产品和促销活动的内容，成功地吸引了大量的用户进行购买。

---

① 中关村在线：《微信用户超13亿　腾讯发布2023年第二季度报告》，https: //news.zol.com.cn/828/8289868.html。

建立社区和忠诚度。微信的“公众号”功能允许品牌建立与用户的长期关系。通过发布与用户相关的内容，品牌可以建立强大的社区和忠诚度。例如，耐克的微信公众号通过发布有关健身和运动的内容，成功地吸引了大量的健身爱好者。

短视频平台如抖音和快手在中国非常受欢迎，拥有数亿的活跃用户。内容运营在短视频平台上的主要目标包括两点。一是增加品牌曝光度。据第53次《中国互联网络发展状况统计报告》，截至2023年12月，我国网络视频用户规模为10.67亿人，其中，短视频用户规模为10.53亿人，较2022年12月增长4145万人，占网民整体的96.4%。[①] 通过发布有趣和创意的短视频，品牌可以在短时间内获得大量的曝光和关注。短视频平台的用户主要是18～35岁的年轻人。通过发布与年轻人相关的内容，品牌可以吸引这一重要的目标受众。二是实现销售转化。短视频平台允许品牌在视频中嵌入购物链接。通过内容运营，品牌可以引导用户点击链接，从而实现销售转化。例如，华为的抖音账号通过发布有关新产品的短视频，成功地吸引了大量的用户进行购买。

直播在中国也非常受欢迎，拥有数亿的观众。内容运营在直播平台上的主要目标包括三点。一是直播允许品牌与用户进行实时互动。通过内容运营，品牌可以回答用户的问题、收集用户的反馈，从而增强与用户的关系。二是直播允许品牌为用户提供“一站式”的购物体验。通过内容运营，品牌可以展示其产品的特点和优势，从而吸引用户进行购买。例如，OPPO的直播节目通过展示其手机的摄影功能，成功地吸引了大量的用户进行购买。三是直播允许品牌展示其真实和人性化的一面。通过内容运营，品牌可以与用户分享其背后的故事和价值观，从而建立强大的品牌形象。

微博作为中国的主要社交媒体平台，拥有超过5亿的活跃用户，已经成为品牌和公众人物与大众互动的重要渠道。内容运营在微博上的主要目标包

① 中国互联网络信息中心：《第53次〈中国互联网络发展状况统计报告〉》，https://www.cnnic.cn/n4/2024/0322/c88-10964. html。

括三点。一是微博为品牌提供一个巨大的潜在受众群体。通过发布有趣、有价值和与品牌形象一致的内容，品牌可以迅速扩大其在线影响力。例如，奥迪通过其微博账号发布了一系列与汽车文化和生活方式相关的内容，成功地吸引了大量的汽车爱好者。二是微博的实时性使品牌可以迅速响应用户的反馈和问题。通过内容运营，品牌可以及时与用户互动，收集用户的意见和建议，从而不断优化其产品和服务。例如，小米经常在其微博账号上发布新产品的预告和问答活动，与粉丝进行实时互动。三是微博允许品牌与用户建立长期的关系。通过发布与用户相关的内容，品牌可以加深与用户的情感联系，从而提高用户的忠诚度。又如，星巴克的微博账号通过发布与咖啡文化和生活方式相关的内容，成功地吸引了大量的咖啡爱好者。

这些目标展示了内容运营在微信、短视频和直播平台上的关键作用。通过发布与用户相关的高质量内容，品牌可以在中国的数字化市场中建立强大的在线影响力，从而实现长期的增长和成功。

三、内容运营的策略

新媒体内容运营是一项涵盖多个关键环节的活动，旨在有效地管理和维护数字媒体平台上的内容，以满足受众需求、促进互动和实现特定目标。比如，某女性品牌化妆品在小红书的内容运营中展现了其精准而又富有策略性的一面。在明确认识到小红书对中国年轻女性的巨大吸引力后，该品牌决定为此群体打造专属内容，与她们建立更深厚的情感连接。这些内容不仅涉及产品展示，还更多地融入了女性的日常生活、美容和时尚话题。

为了确保内容的质量和真实性，该品牌与小红书的知名创作者合作，共同创作了一系列的教程和体验分享，同时也对每一篇文章进行了仔细审核。除了在小红书发布，该品牌还将内容同步到了其他社交媒体上，大大扩展了其影响力。品牌与用户之间的互动也得到了高度重视，每当用户提出疑问，都能得到品牌的积极回应。通过实时的分析工具，该品牌能够准确评估每篇文章内容的效果，根据反馈不断进行优化。这一切努力使得该女性化妆品品牌在小红书上建立了坚实的信任基础，也在市场上取得了显著的成功。这些关键环节如下。

1. 内容策划的痛点逻辑

内容运营的起点是制订内容策略和目标，包括确定受众群体、内容类型、发布频率、品牌声誉、竞争分析等，以确保内容与平台的整体战略一致。

首先确定用户画像：张先生，28岁，金融行业的年轻职员，居住在北京；他每天早晨都需要一杯咖啡来提神；他喜欢尝试各种不同的咖啡口味，并希望能在家中制作出和专业咖啡店一样的咖啡。

在现代快节奏的生活中，越来越多的城市人选择咖啡作为日常的醒脑饮料。但如何在家轻松制作出美味的咖啡，成为很多人的痛点。面对张先生这样的用户，我们必须深入了解他的需求，并为其提供有效的解决方案。

痛点1：早上，张先生总是忙于为即将开始的工作做准备，几乎没有多余的时间去煮咖啡。但是，他也不能忍受摆脱咖啡因的一天。于是，每天早上的时间总是显得特别紧迫。

内容策划就可以轻松快捷的早晨启动为向导。我们可以制作一系列短视频，演示如何使用智能咖啡机在短时间内煮一杯美味的咖啡。通过视频，展示咖啡机的易用性和高效性，教用户如何选择合适的浓度和温度，以及如何使用速煮功能。视频中同时提供早晨咖啡搭配推荐，为张先生推荐一些简单快捷的早餐食谱，与咖啡搭配，为他提供一天的活力。

痛点2：尽管张先生是一个咖啡爱好者，但他并不是专业的咖啡师。中午休息时，他想喝不同风味的咖啡，但不知道怎么配制。

内容策划为一键式风味选择功能介绍。制作详细的图文教程，展示如何使用智能咖啡机的触摸屏，一键选择各种预设的咖啡风味。在咖啡文化和风味探索展示方面，每周推出关于咖啡的知识性文章，让张先生更深入地了解咖啡的文化和风味，提高他的咖啡鉴赏能力。

痛点3：周末，张先生有更多的时间，他希望能够尝试新的咖啡食谱，但又不知道从哪里开始。

内容策划为 DIY 咖啡食谱分享。开设一个专门的社区板块，邀请咖啡师和普通用户分享他们的咖啡食谱，张先生可以在这里找到灵感，并与其他用户交流经验。提供专业咖啡制作教程。邀请专业的咖啡师，制作一系列的视频教程，教授如何制作各种复杂的咖啡食谱，如香草拿铁、摩卡等。加入周末咖啡制作挑战。每个周末，推出一个咖啡制作挑战，鼓励用户尝试新的食谱，并分享他们的作品，有机会赢取咖啡豆或其他奖品。

结合张先生的具体痛点，智能咖啡机的内容策划应该围绕用户的实际需求，提供有针对性的解决方案，同时增强与用户的互动，提高用户黏性。这样，不仅可以满足用户的需求，还可以提高产品的市场份额。

表 3　使用场景—痛点—解决方案表

序号	使用场景	痛点	解决方案
1	早上，张先生为了赶工作，需要快速煮一杯浓郁的美式咖啡	每天早上缺少时间，不能浪费时间等待煮咖啡	智能咖啡机具有速煮功能，使张先生可以在短时间内获得浓郁的美式咖啡
2	中午休息时，他可能想尝试一杯拿铁或卡布奇诺	中午想要不同风味的咖啡，但不知道如何配制	智能咖啡机配有触摸屏，用户可以选择各种预设的咖啡类型和风味
3	周末，他有更多时间尝试新的咖啡，如香草拿铁	周末有时间但不知道如何制作新的咖啡	咖啡机可以连接到专门的 App，提供各种咖啡制作教程

2. 内容创建的五步流程

创建高质量、有吸引力的内容是内容运营的核心。这可能涉及文字、图像、视频、音频等多种媒体形式的制作和编辑。编辑要求包括写作技巧、图像处理、视频编辑、声音编辑等。

内容运营在互联网行业中扮演着关键的角色，其涉及的过程——创建、优化和编辑——构成了一个连续不断的循环，确保内容始终与品牌的核心价值和目标用户的需求相一致。

第一步，内容创建是内容运营的基石和起始点。在这个阶段，策划者需要深入研究目标受众的兴趣、需求和消费习惯，以确保内容的相关性和吸引力。内容创建不仅是文字的撰写，还包括视频、图片、音频、图表等各种格式的制作。一个成功的内容创建策略应该围绕品牌的核心价值观、目标和使命进行，同时确保其与受众的日常生活、疑虑和兴趣点相匹配。例如，一个健康食品品牌可能会发布关于均衡饮食的文章、提供健康食谱的视频，或分享营养师的采访，为目标受众提供有价值的信息。

第二步，内容优化是确保内容能够达到其最大潜在影响力的关键环节。内容优化涉及一系列的步骤，如关键词研究、元数据优化、内容结构调整等，确保内容在搜索引擎上具有高度的可见性。此外，内容优化还包括对用户体验的改进，例如调整页面设计、增加内部链接和调整内容格式，以确保用户可以轻松、高效地消费内容。例如，一个旅行博客可能会根据最新的搜索趋势调整其文章标题，或在文章中添加引人入胜的图片和互动元素，以吸引并留住读者。

第三步，内容编辑确保每一篇文章、每一个视频或任何其他格式的内容都达到了最高的质量和准确性标准。编辑不仅要检查语法和拼写错误，还要确保内容的信息准确、可靠，并且与品牌的语言、风格相匹配。编辑环节还涉及对内容的反馈和修订，确保其达到预期的效果并满足受众的需求。例如，时尚杂志在发布关于时装周的最新报道前，可能会进行多轮的编辑和审查，以确保内容的准确性、相关性和吸引力。

例如，作为全球知名的化妆品品牌 A，对新媒体的运用颇为成熟，其内容策划既有系统性，又具有创新性。以下是 A 的新媒体账号上的一些内容策划实例。

A 经常在其社交媒体平台上发布新产品的介绍和展示。除了简单的产品展示，他们还经常发布如何使用产品的教程，如“如何打造完美的夏日妆容”或“使用 ××× 眼影盘的五种眼妆方法”。A 鼓励用户使用其产品并在社交媒体上分享他们的使用体验。例如，他们可能会启动一个带有特定话题标签的活动，如“×××Look”，然后邀请粉丝分享自己的妆容，并选择一些优质内容进行转发和展示。

A 经常与社交媒体上的意见领袖或网红合作，通过他们为产品做推广。例如，他们可能会邀请一位知名的美妆博主使用其新产品，并分享使用体验。A 在其新媒体账号上分享品牌的历史、研发背后的故事，以及公司的企业社会责任活动等，来加深用户对品牌的情感连接。

A 经常在其社交平台上举办各种互动活动和竞赛，如“上传你的妆容照片并赢取我们的新产品”等。这不仅可以增强用户参与感，还能促进品牌与消费者之间的互动。A 会邀请化妆师、皮肤科医生或其他相关专家，在其新媒体平台上进行访谈或直播活动，为用户提供专业的美容和护肤建议。

接着是内容发布和管理。将内容按照计划发布到适当的数字媒体平台，这需要了解不同平台的要求和最佳时间，以确保内容在各个平台上都有最佳效果。

第四步，内容发布是内容运营的关键环节，确保内容能够及时、有效地呈现给目标受众。发布不仅是点击“发布”按钮那么简单，它还涉及确定最佳的发布时间、选择合适的发布平台和渠道，以及使用适当的格式和样式。为了提高内容的可见性和吸引力，发布策略应考虑到受众的在线行为习惯，如他们通常在哪些时间上线、最喜欢哪种内容格式等。例如，一个关于瑜伽的博客可能会选择在周末早晨发布新的练习视频，因为这是大多数瑜伽爱好者寻找新练习方法的时间。

当某女性化妆品品牌推出新产品或系列时，内容发布策略的制订至关重要。化妆品品牌的发布策略首先要确定哪些平台的受众最有可能对新产品感兴趣。例如，为了吸引年轻消费者，品牌可能会选择在 Instagram 和 TikTok 一类短视频平台上发布精心制作的图像或短视频。而对于更成熟的受众，品牌可能会选择在 Facebook 和其官方网站上发布详细的产品信息和使用教程。此外，考虑到化妆品消费者喜欢在特定时期购买（例如节日或特殊活动期间），发布策略还要考虑到这些因素，确保内容能在最佳时机与受众见面。

发布的节奏也是需要注意的方面。为了更形象地描绘内容运营中的选题过程，我们假设某女性化妆品品牌在小红书上的内容运营计划是为时 3 个月，每周推出 2 ～ 3 篇与产品相关的内容。以下是一个每周选题的示例。

第一周：新品发布与引导。新品亮相，发布一篇详细介绍新品特点、使用方法及效果的文章，配以高清实物照片和模特的试色。幕后制作故事，分享新产品从构思到生产的背后故事，使消费者对品牌和产品产生更深入的了解。

第二周：使用心得与技巧。日常妆容打造，通过简单的教程，展示如何使用新品打造日常妆容。场合妆容推荐，结合不同场合（如办公室、派对等），推荐相应妆容，并展示新品如何能够轻松应对。

第三周：用户互动周。用户试色展示，鼓励用户分享自己使用新品的照片，并选出最佳照片进行展示。问答环节，解答用户关于新品的各种疑问，如持妆时间、与其他产品的搭配等。

第四周：深度话题。成分解析，详细解析新品中的主要成分及其功效。化妆品行业趋势，分享化妆品行业的最新趋势和新品是如何应对这些趋势的。

以此类推，后续周的选题可以围绕节日活动、季节变化、与其他品牌的合作等多个方向进行。这样的选题不仅能够持续吸引用户关注，还可以深化品牌形象，提高用户忠诚度。

第五步，内容管理是确保内容始终保持其最佳状态的过程。这涉及内容的更新、修订、归档和删除。随着时间的推移，某些内容可能会变得过时或不再相关，需要进行调整或替换。内容管理也涉及对内容性能的监测和分析，通过数据和反馈来不断优化内容策略。强大的内容管理系统（CMS）可以大大简化这一过程，使运营团队能够轻松跟踪、更新和管理大量的内容。例如，一个新闻网站可能每天都需要发布数十篇、数百篇文章。借助 CMS，运营者可以轻松地对这些内容进行分类、调度和更新，同时监测每篇文章的读者反应和性能，以确保其内容始终满足读者的需求和兴趣。

对于化妆品品牌来说，内容管理的重点是确保其提供的内容始终与品牌形象和消费者需求保持一致。随着市场趋势的变化，今天流行的颜色或风格明天可能就过时了。因此，品牌需要定期审查其内容，确保其始终保持现代感和相关性。例如，当磨皮效果成为热门趋势时，品牌可能会推出与此相关的内容，如如何使用其产品达到最佳磨皮效果的教程。同时，通过使用 CMS，品牌可以轻松地更新或替换旧内容，确保消费者始终能够获得最新、最相关的产品信息和使用建议。此外，内容管理还包括对内容性能的持续监测，通过分析消费者的反馈和互动数据，品牌可以了解哪些内容最受欢迎，哪些可能需要优化或替换。

3. 不同类型内容的创作

新媒体内容的运营具体体现在标题、摘要、转发语和长文的创作编辑中。

首先，标题的写作。

新媒体内容标题的写法对于吸引用户点击和增加内容传播至关重要。成功的标题能够迅速引起用户的注意，激发他们的好奇心，并驱使他们点击查看完整内容。以下是新媒体内容标题的几个关键原则，以及相应的实例说明。

表 4　常见的新媒体标题写法

写法	解读	案例
使用数字	数字能够为读者提供明确的预期	《10 种提高工作效率的技巧》
抓住热点	紧跟时事，结合当前的热门事件或话题	《奥运背后的故事：那些你不知道的金牌瞬间》
利用稀缺性	给予读者紧迫感，使他们感觉机会或信息有限	《仅剩 50 席！参与我们的独家工作坊》
吸引点击	引起读者的关注，使他们感受到紧迫感	《你还在用这 5 种方法减肥？研究显示它们可能有害健康！》
引导感情	与读者的情感产生共鸣，如幽默、激动或感慨	《那些年，我们追过的老动画》
诉说历程	分享一个故事或旅程，使读者产生共鸣	《我用一个月的时间从新手变成瑜伽大师》
引入名人	使用公众熟知的名人或权威人士增加标题的吸引力	《马云如何从失败者转变为亿万富翁？》
突出价值和益处	明确告诉读者他们能从内容中得到什么	《3 步轻松理财，助你实现财务自由》
模拟推送	模仿某些应用、平台或服务的通知（需要谨慎使用，以避免误导）	《[新消息]您的好友向您推荐了这篇文章！》

其次，摘要的多种写法。

一是补充法。此方法指在标题中提供部分信息，摘要补充或继续提供该信息，使读者想要知道更多。比如，标题为《科学家发现新的植物种类》，摘要为“在非洲的一个偏远地区，科学家意外发现了一种前所未见的植物。其独特的性质不仅可能颠覆我们对食物链的理解，还可能为人类带来前所未有的好处”。

二是提问法。通过提出一个问题来吸引读者的好奇心，并鼓励他们点击进一步阅读。比如，标题为《你知道如何有效提高记忆力吗？》，摘要为“记忆力是我们日常生活中的关键能力，但很多人都感到挑战。这里列出了五种经过验证的技巧，可以帮助你锻炼和增强大脑的记忆功能”。

三是概括法。简洁地总结文章的主要内容或重点。比如，标题为《2023年科技趋势报告》，摘要为“本报告深入探讨了今年的科技发展趋势，从人工智能的进步到量子计算的突破，了解哪些技术可能影响你的生活和工作”。

四是直白法。直接、清晰地告诉读者文章的内容。比如，标题为《如何制作巧克力蛋糕》，摘要为“想要知道如何制作那完美的、令人垂涎的巧克力蛋糕吗？这里有一个简单易懂的食谱和步骤，让你也可以在家制作美味的巧克力蛋糕”。

五是刺激法。通过强烈的词汇或情感色彩吸引读者的注意力。比如，标题为《这种食物可能毁了你的健康！》，摘要为“很多人都钟爱这种食物，却不知它可能对健康有害。研究已揭示其与多种疾病之间的联系，这是你绝对不能错过的健康警告”。

六是引用法。引用文章中的一个有影响力的句子或观点。比如，标题为《名人如何看待成功》，摘要为“成功对每个人来说都有不同的定义。乔布斯曾经说过：‘工作不仅仅是为了生计，更是为了给生活赋予意义。’探索不同的观点，找到你自己的成功定义”。

再次，转发语的对比。

转发语是推广新媒体内容时经常用到的策略，它的目的是吸引用户的注意力，并鼓励他们点击原文链接或进行分享。有效的转发语往往具备吸引力、简洁性和与内容的高度相关性。

假设 A、B、C 三个同学，他们针对一篇介绍新型电动汽车技术的文章各自写了转发语。

同学 A："新型电动汽车技术来啦！大家来看看！（*^ ▽ ^*）"；

同学 B："再也不用担心电动汽车续航问题，这篇文章里的最新技术真的太厉害了！ # 未来出行"；

同学 C："听说这种电动汽车技术将彻底改变我们的出行方式，你怎么看？ # 电动汽车革命"。

评价如下。

同学 A：该转发语较为普通和直接，虽然使用了表情符号增加趣味性，但并没有提供太多文章内容的信息，吸引力一般。

同学 B：此转发语很具针对性，直接点出了电动汽车用户最关心的续航问题，并用"真的太厉害了"表达了自己的看法，激发了读者的阅读欲望，使用的标签也很合适。

同学 C：这个转发语采用了引发好奇心的方式，并用"你怎么看"鼓励互动。但与同学 B 相比，其直接性略逊一筹，可能不如 B 的转发语更吸引关心电动汽车技术的用户。

从上述三个转发语来看，同学 B 的转发语最为出色，它直接、具体，针对性强，最有可能吸引读者点击阅读原文。

因此，我们可以总结出转发语的四个要求。

一是使用第一人称。使用第一人称可以使转发语显得更为亲切和个人化。它有助于减少与读者之间的距离，使读者感到这是一个真实人的建议或分享，而不是一个机器或官方的无感情的推送。如："我今天发现了这款新产品，真的超级好用！"

二是简短的一句话。为了在信息爆炸的今天抓住用户的注意力，转发语要尽可能简洁。一句话的长度恰到好处，可以快速传达信息，而不会让读者感到压迫。如："这本书改变了我对健康的看法！"

三是价值点。转发语中应明确指出内容的价值点，即读者为什么应该点击进去阅读或观看。这通常与内容的核心信息、主要优点或吸引人的特点相关。如："按照这篇文章的方法，我一个月内工作效率提高了20%！"

四是稀缺性。人们对稀缺的事物有天生的追求欲望。在转发语中加入稀缺性的元素，可以激发读者的好奇心和紧迫感，促使他们立即行动。如："这款限量版的手工饰品，我等了半年终于买到了！只剩下最后几件了，大家快去看看吧！"

最后，策划长文。

一是要求简明介绍。当推销一个产品或服务时，首先需要对其进行明确、简洁的描述，使消费者在最短的时间内了解产品的主要特点和价值。比如，某老年健康科普在线课程的策划。这门在线课程专为60岁以上的老年人设计，致力于帮助他们了解和预防老年常见疾病、提供健康饮食和锻炼的建议，以及如何在退休后过上充实、有意义的生活。课程内容由经验丰富的医生和营养师授课，旨在帮助老年人享受高品质的生活。

二是要讲述一个或几个真实或设想的情境，帮助潜在用户设身处地，感受产品带来的实际效果。比如，李奶奶退休后，闲暇时间多了起来，但又不知如何合理分配。她总是担心自己的健康状况，但不知从何了解。通过这门课程，李奶奶不仅了解了关于骨折、高血压等老年常见疾病的预防和治疗知识，还学到了如何制订合理的饮食计划和锻炼方法，使她的退休生活变得更加健康和有趣。

三是要有具体参数。详细列出课程的所有参数，包括课程时长、主题、讲师资质等。比如，课程总时长为10小时，共20讲；主题包括老年常见疾病预防、健康饮食、合理锻炼、退休生活规划等；讲师均为超过20年临床经验的医生、营养师等专家；附赠资料课程，包括相关的电子书、锻炼视频、食谱等。

四是要产生信任。提供讲师的背景信息、往期学员的评价和证书，以及课程的试听或预览部分，让消费者产生信任。介绍讲师背景，例如主讲医生张博士，曾在国内外知名医院工作超过 20 年，具有深厚的医学背景。列出一些真实的、正面的学员评价，如：“这门课程真的很有帮助，我了解了如何预防骨折。”提供部分课程的免费试听或预览，让消费者先体验产品。

五是付费激励。给出课程的价格，并提供一些促销策略，如限时优惠、打折、买一赠一等，激发消费者的购买欲望。比如，“付费方案为该课程原价 399 元，现在限时优惠价 299 元，早买早享受！另外，前 100 名购买的用户还将免费获得一个由营养师定制的一周饮食计划”。

六是放心售后。明确提供售后服务政策，如 7 天无理由退款、一对一咨询等，确保消费者放心购买。比如，“对于任何因课程内容不满意的用户，我们提供 7 天无理由退款保证。此外，购买此课程的用户还可以享受一次免费的健康咨询服务”。

结合以上六个模块，一个完整且吸引人的长文策划就呈现在眼前，旨在为 60 岁以上的老年人提供一门内容丰富、实用性强的健康科普在线课程。

第三节　内容运营的要求与女性议题

一、内容运营的职能和岗位要求

1. 内容运营的主要职能

内容运营的职能主要涉及策划、制作、发布和优化内容，以满足特定的市场和受众需求。它的核心目标是通过高质量的内容吸引和保留用户，从而实现品牌的市场和商业目标。例如，BuzzFeed，美国一家知名数字媒体公司，依靠其独特和有趣的内容（如测试、视频和新闻报道）吸引了大量的年轻受众。他们不仅为用户提供娱乐内容，还为广告商提供了一个能够触及大量受众的渠道。

2. 内容运营的岗位要求

首先，内容运营岗位的候选人需要具备出色的写作和编辑能力，这是确保内容质量的基础。他们需要创作与品牌和受众高度相关的内容，同时确保内容的原创性和创新性。其次，良好的市场洞察力和研究能力也是必不可少的，可以帮助内容运营者深入了解受众的需求、兴趣和行为，从而制订更有效的内容策略。此外，随着数字技术的发展，数据分析能力变得越来越重要。内容运营者需要分析用户行为数据，如浏览、点击和分享，以及其他关键性能指标，从而持续优化内容策略。技术能力，如搜索引擎优化（SEO）、搜索引擎营销（SEM）和基本的图像编辑，也是常见的要求。以美国旅行房屋租赁网站爱彼迎（Airbnb）为例，这个全球知名的共享住宿平台，其内容团队不仅为用户提供了关于各种旅行目的地的深入指南，还通过精心的 SEO 策略优化了内容，确保在搜索引擎中获得优质的排名，从而吸引更多的用户访问其平台。

二、女性向内容的特点与运营

1. 新媒体女性议题的特点

新媒体上的女性向内容有其独特的特点和风格，这些特点往往与女性的兴趣、价值观和情感需求相契合。以下是新媒体上女性向内容的一些主要特点。

一是情感驱动。女性向内容往往更加情感化，强调情感的交流和共鸣。这种内容通常包含更多的故事性和情感深度，如情感故事、日常生活分享、心灵鸡汤等。比如，《三十而已》这部中国电视剧，讲述了三位都市女性如何面对职场、家庭和爱情的挑战。这部剧在播出时曾在微博上引起了广泛的讨论，因为它深刻地触及了许多女性的真实情感和生活经历。

二是视觉美学。女性向内容通常具有很高的视觉美学，强调美观、和谐、细致。这种内容往往包含精美的图片、视频和设计，如美食、时尚、美容、手工艺等。微博和抖音上的“手账”（手工日记）社群，许多女性在其中分享自己精心制作的手工日记，展示了女性对生活的热爱和对细节的追求。

三是实用性。女性向内容往往更加实用，提供具体的建议和技巧，帮助女性解决日常生活中的问题。这种内容包括化妆教程、健康饮食、家居装饰、育儿知识等。比如，抖音上有许多关于家居整理和烹饪的短视频，为女性提供了实用的生活技巧。

四是社交互动。女性向内容通常更加注重社交互动，鼓励用户之间的交流和分享。这种内容往往包含问答、讨论、投票、分享等社交元素，增强用户的参与感和归属感。小红书是一个非常受女性欢迎的社交电商平台，用户可以在上面分享购物、旅行和生活的经验，鼓励了大量的女性用户之间的交流和分享。

五是个性化。女性向内容通常更加个性化，反映女性的独特性格和价值观。这种内容往往包含个人日记、心情分享、旅行记录等，展现女性的多面性和独特性。豆瓣上的读书和电影评论板块，许多女性在上面分享自己的观后感和读后感，展现了她们的独特视角和深入思考。

六是积极正能量。女性向内容往往更加积极、正面，鼓励女性追求自己的梦想、实现自己的价值。微博上分享的很多关于女性的励志故事、成功案例、心灵鸡汤，能够给予女性信心和动力，鼓励女性追求自己的梦想。

七是社会责任感。女性向内容通常更加注重社会责任感，关注女性权益、环境保护、公益慈善等社会议题。这种内容鼓励女性关心社会、参与公益，实现自己的社会价值。

总的来说，新媒体上的女性向内容有其独特的特点和风格，这些特点与女性的兴趣、价值观和情感需求相契合。品牌和企业需要深入了解这些特点，才能更有效地吸引和满足女性用户的需求。

2. 新媒体女性议题的运营

在数字化时代，女性已经成为许多品牌和平台的核心受众。针对女性的内容运营需要考虑到女性的独特需求、兴趣和价值观。

女性受众并不是一个单一的群体。她们来自不同的年龄、文化、职业和生活阶段。因此，内容运营首先需要深入了解女性受众的人口统计信息、行为数据和心理特征，以创建更加相关和吸引人的内容。例如，为年轻的职业女性创建的内容可能与为家庭主妇创建的内容完全不同。

其次，女性通常更加关注内容的价值和质量。内容运营需要确保为女性提供有价值、有深度和有意义的内容，满足她们的需求和兴趣。例如，健康和美容品牌可以为女性提供关于健康饮食和皮肤护理的专家建议和技巧。

再次，女性通常更加关注品牌的真实性和人性化。内容运营需要确保品牌的形象和信息与女性受众的价值观、情感保持一致。例如，多芬（Dove）的“真美”（Real Beauty）广告系列通过展示真实的女性形象，成功地与全球女性受众建立了深厚的情感联系。

然后，女性通常更加重视社区和互动。内容运营需要鼓励女性受众参与内容的创建和分享，建立与她们的长期关系。例如，许多时尚和美容品牌在其社交媒体平台上鼓励女性分享自己的穿搭和妆容，从而增加品牌的曝光度和忠诚度。

最后，女性在不同的文化和地域中可能有不同的需求和兴趣。内容运营需要考虑到这些差异，为女性提供与她们的文化和地域背景相一致的内容。例如，为东亚市场创建的美容内容可能与为欧洲市场创建的内容完全不同。

总的来说，针对女性的内容运营需要考虑到女性的独特需求、兴趣和价值观。通过创建与女性相关的高质量内容，品牌可以与女性受众建立深厚的关系，从而实现长期的增长和成功。

扩展阅读　从媒介触达到情感认同
——互动仪式链视角下妇联政务短视频的传播互动机制[①]

随着数字技术的飞速发展，短视频已经成为日益重要的信息传播工具。这种视觉传播的形式因其简短、直观和互动性而深受喜爱，尤其在现代政务领域中更显示出其无可替代的作用。妇联组织通过政务短视频向公众传达相关政策、活动和女性相关议题，实现了与公众之间更加紧密的联系。本文即从互动仪式链的视角，探析妇联政务短视频如何作为“情感动员”的工具，在数字时代唤起公众的情感共鸣，进一步加深公众对于相关议题的理解与参与。具体考察如下问题：其一，政府是如何通过短视频与受众建立仪式感的？其二，围绕政务短视频的运营实践，政府是如何与公众进行互动，进而产生情感体验的？这种互动意识将产生什么样的效果？

一、互动仪式链理论研究范式

当个体在不同的际遇中持续流转，其经过的“链”状交互为其塑造了独特的社会关系、权力、地位、声望，以及对现实世界的诸多观念与理念。这种“链”式的际遇构建了个体的互动框架，进而更为深入地展示了个体在社会中的交往模式。

（一）互动仪式链理论

1975 年，美国文化历史学家詹姆斯 · 凯瑞提出“传播是仪式”的论点，认为传播不只是智力信息的传递，更是一种“以团体或共同体的身份把人们吸引到一起的神圣典礼”[②]。随后美国社会学家戈夫曼提出了“互动仪式”的概念，认为仪式是被创造出来的，赋予参与者的符号身份并制约他们的行

---

① 本文选自《山西师大学报（社会科学版）》2024年5月刘旸、任琨卉撰写的《从媒介触达到情感认同：互动仪式链视角下妇联政务短视频的传播互动机制》一文。

② 詹姆斯 · W. 凯瑞：《作为文化的传播》，丁未译，华夏出版社，2005。

为。[①]也就是说，互动仪式理论强调互动（被视为仪式）构成了社会动力的核心。在此框架中，每位行动者在社会舞台上展现的身份是其与他人的持续社会互动的积累成果。对于具有社会属性的组织结构，仪式不仅催生集体的情感共鸣，还将这些情感与特定符号紧密相连，从而奠定了组织信念、组织思维、组织伦理及组织文化的基石。

在20世纪后半期，美国社会学家兰德尔·柯林斯提出了互动仪式链（Interaction ritual chains）的理论。所谓互动仪式链，指由无数发生于特定“际遇”[②]中的互动仪式联结而成的链状结构。[③]此理论深入探讨了人际互动中的参与者如何在情感能量的驱使下，激发其对所属社群合法权威的认同和忠诚度，进而生成共同的仪式性团结。

柯林斯的这一视角揭示了人际互动的潜在动力学原理，为仪式性传播中的内聚机制和效果产出提供了一个更为完整的解释，进一步完善了以往互动仪式理论的框架，提出了组成要素以及相互发生作用过程产生的结果。互动仪式发生机制需要四个核心要素——两个或两个以上的人的身体共同在场、对局外人设定了界限、人们的注意力集中在共同的活动或者对象上、人们分享共同的情绪与情感体验。[④]其中前两个“共同在场和边界设定”是互动仪式链启动的“前提性要件”，而后两个“关注焦点与情感连带”则是“过程性要件”。这些互动仪式的构成要素是随时随地发生的，参与者得到了很强的关注，创造了一种共同的象征现实[⑤]，从而起到了情感动员的作用。

---

① 欧文·戈夫曼：《日常生活中的自我呈现》，冯钢译，北京大学出版社，2008。

② 詹姆斯·W. 凯瑞：《作为文化的传播》，丁未译，华夏出版社，2005。

③ 邓昕：《被遮蔽的情感之维：兰德尔·柯林斯互动仪式链理论诠释》，《新闻界》2020年第8期。

④ 潘曙雅、张煜祺：《虚拟在场：网络粉丝社群的互动仪式链》，《国际新闻界》2014年第9期。

⑤ 陈权：《互动仪式链理论在传播研究中的应用》，《新闻世界》2012年第10期。

（二）互动仪式链与政务新媒体

以往对政务新媒体的研究主要是从媒体内容的角度入手，比如区级融媒体中心短视频内容生态构建[①]、旅游政务类抖音短视频的优化策略[②]等。"链"式互动仪式构成了个体的互动结构和交往模式，逐渐引起了学界的关注。一些学者开始运用互动仪式链理论分析微信、微博平台上的政务新媒体。比如，研究政务微信与用户的互动仪式研究[③④]、微博互动仪式中的个体自我形塑、社会结构和群体心理的构建过程[⑤]。对于政务号短视频如何在群众动员组织方面发挥作用，成为理论和实践中关注的议题。

二、研究方法

为了对政务短视频的互动仪式链以及组织动力进行深入的分析，本文研究以妇联政务短视频作为切入口，采用参与式观察法进行分析。选择国家级、省级、市级以及区县级的妇联抖音政务号，并对女性议题相关的一般性媒体账号进行对比研究。

三、政务短视频的互动传播机制

兰德尔·柯林斯在《互动仪式链》一书中所指的"情感"不是一般意义上人类具体的喜怒哀乐的情感，而是一种群体成员在社会交往中长期积累的情感体验。依据情感体验三层次分析框架，互动仪式链理论的核心环节可以

① 刘峰、严三九：《区级融媒体中心短视频内容生态构建——基于受众信息采纳行为的研究》，《新闻记者》2021年第12期。

② 吴锦花、胡建辉：《旅游政务类抖音短视频的优化策略》，《新闻世界》2021年第7期。

③ 朱颖、丁洁：《互动仪式链视角下政务微信与用户的互动研究》，《新闻大学》2016年第4期。

④ 於流芳：《全媒体视阈下微信互动传播研究——基于"互动仪式链"理论》，《传媒》2015年第11期。

⑤ 李霞：《微博仪式互动的社会心理学研究——以新浪微博为例》，博士学位论文，南开大学，2014。

归纳为视频触达、行为触发与情绪触动三个环节。三个环节层层相扣，逐步递进，形成了动态、完整的互动仪式链条。这三个环节在政务短视频与用户的互动中发挥了重要的作用。

（一）视频触达：人设定位与边界达成

视频触达形成共同关注的焦点是互动仪式链的前提条件。妇联政务短视频通过物理层面即“屏幕”形成视觉焦点。妇联政务短视频通过昵称、头像、简介、短视频封面包装等形成了自身的“人设定位”进而吸引用户关注。比如，贵州省妇联的抖音号头像是一个身穿民族服装的卡通形象，具有鲜明的地域特色。湖南省常德市桃源县妇联的抖音号昵称直接起了一个更拟人化的名字——“桃子姐姐”，很有亲切感，尽管是县级的政务号，粉丝却达到了近 3 万人。内蒙古自治区包头市妇联的抖音号不但形象可爱，自我介绍也幽默风趣：“来自内蒙古大草原超级呆萌的小格格”，粉丝近 9 万人。这些账号通过视觉化的包装，进一步凝聚和加强了成员的集体身份符号象征。

短视频相较于图文形式，能够唤醒用户的视觉、听觉等多种感官，更有益于达到“天涯共此时”的现实感。妇联政务短视频中，巾帼志愿服务队伍的背影、留守老人慈祥的目光，抑或马路上车水马龙的声音，形成了一幅幅生动的生活画面，更加真实地通过场景化的镜头语言触达用户。这种短视频的现场感、亲切感与代入感为用户实现虚拟在场提供了助力，进一步提升了政府为人民服务的形象。

（二）行为触发：身体共在与仪式互动

互动仪式链触发行为的条件是形成共同的空间，以及对局外人的边界。局外人指未进入妇联政务短视频号互动化传播圈层的个体。通过设定准入门槛，可以明确圈内与圈外的界限，从而增强圈内成员的身份认同感，形成共同在场的群体。妇联政务短视频就构建了这样一个虚拟的“场景化空间”，来自全国各地观看妇联政务号的用户在不同时空中完成了“身体共在”的状态。

各级妇联是党政联系妇女的桥梁、纽带，妇联政务号是妇联组织宣传党的政策方针、引导舆论的有力工具，同时也发挥着反映女性心声、回应女性诉求、维护女性权益、服务女性发展的作用。在构建专属会话空间后，妇联政务短视频开始建立自我代表性的议题标签。比如 # 两癌防治（宫颈癌和乳腺癌）、# 我爱我家、# 预防儿童溺水安全课等聚焦在妇女、儿童、家庭等领域的议题。这种账号定位的视觉触达和内容设置的一致性，进而形成了与认知符号相关联的成员身份感。[①]

在共同的场景围绕关心的议题，用户才会触发行动，展开互动交流。用户通过短视频政务平台的评论功能与政务短视频发布者交流，分享观后感和对内容的建议。比如“全国妇联女性之声”在中国妇女十三大开幕系列短视频发布不久，就有千余条评论，评论中既有“向全国优秀的妇女、半边天致敬”“男女平等、妇女能顶半边天，所以我们中国才能发展得更全面、更扎实、更美好”“巾帼英雄续写国家发展新篇章”这样的祝福语，也有“保护女性在婚姻家庭中的合法权益、严惩家暴行为”“灵活就业人员希望也有生育待遇”等。发布者根据这些建议决定是否在后续议题中加以采纳，未被采纳的意见则不被纳入互动议程。

政务短视频可以看作虚拟在线政务服务场所，不同的用户可以同时进入该场所寻求服务，对于涉及妇女权益的隐私内容，用户还可以通过“点击关注”与各地方的妇联组织建立“好友”关系，打破“一对多”的界限，进行“一对一”的交流咨询。当关注的妇联政务号有直播的时候，还会优先提醒粉丝群体，进而将这种“瞬间际遇”变成一种稳定的关系。

（三）情绪触动：情感积累与符号强化

互动仪式链旨在连接参与者的情感和关注点，从而形成共同的情感和认知体验。这一链条中的各要素相互作用，形成四个主要的仪式结果——成员

---

① 兰德尔 · 柯林斯：《互动仪式链》，林聚任、王鹏、宋丽君等译，商务印书馆，2009。

身份认同、群体的兴奋感、对群体符号的尊重，以及对破坏群体团结的行为的不满。

共享的情感状态指同一圈层中的个体因分享而产生的情绪宣泄和情感流露。共同的情绪或情感经历会引发情感共鸣，进一步加深个体对群体的体验感和参与热情，进而提高用户的活跃度，增强账号的黏性。比如，一则短视频提到“女性文盲率在新中国刚成立的时候为90%，如今普通本专科在校生女生占比52.5%，超过男生”，点赞近6万人次，评论中“中国女性估计是全世界地位最高的”“这是一个社会高度发展的标志”等评论也体现了网民对中国男女平等基本国策的认同，说明妇联组织发挥了重要作用。再如，“妇联介入女子被男友打致流产事件：已与当事女子会面正处理”关注度更高，仅转发量便超过14万人次。网民纷纷表达出了对破坏社会秩序的不满。以上这两种积极或者不满的“情感能量”都将成为加强“群体团结”的内在动力，促使单一的互动仪式发展成持续且稳定的仪式链条。

通过研究发现，妇联政务号的视频内容通常分为作品展播、巾帼人物报道、思想学习、妇儿发展和其他五个方面。其中思想学习内容在整体妇联政务号中的占比最高，巾帼人物报道与妇儿发展的内容位居其次，其余则是作品展播等内容。这说明政务短视频在互动中分享情感体验，促进群体的高度认同，积蓄情绪能量方面进行了积极的探索，并取得了一定的成果。然而上述高互动率的案例均是综合性媒体账号首发，政务短视频在民生热点事件的传播机制上还存在提升的空间，这也是普遍存在的现象。

四、政务短视频的情感传播效果

衡量政务短视频互动成功的标准为一个连续的有节奏的过程、建立起了高度的群体兴奋、建立鲜明的关注焦点和情感连带，以及具有社会价值的仪式情境。[①] 妇联政务短视频通过互动仪式链进行情感动员的过程中，在女性群

---

① 沈霄、王国华：《网络直播+政务与用户的互动研究——基于互动仪式链的视角》，《情报杂志》2018年第5期。

体团结、情感分层、集体道德感方面发挥了重要的作用。

（一）群体团结

群体团结是一种成员身份的感觉，体现了个体对于自己作为集体一部分的认同感。这种意识是通过参与集体活动和仪式而逐渐培育、深化的。妇联政务短视频通过公开透明的内容传播和互动方式，让女性用户可以随时随地找到妇联组织，感受到政府部门“阳光行政”的诚意。在互动的过程中女性用户逐渐形成了对自我的群体成员身份的认同，此时的个体也会与其他女性保持密切的相互关注，通过妇联政务短视频形成高度团结的群体在场组织。不仅女性用户群体更加团结，作为政务号的运营主体，各地妇联的形象认同感也会进一步提升。

（二）情感分层

情感能量是受众之间形成和共享情感体验的内在动力，它代表了个体在互动过程中追求的关键反馈。在有效的互动仪式中，双方都有感受到关注和被关注的体验。对于政务号，当用户通过这种新媒体平台表达他们的需求、看法或提议时，这并不仅是因为平台提供了一个便捷和直接的沟通方式，更重要的是，用户深信这背后的政府部门可以回应他们的声音，希望政府真正倾听民众的意见和需求。这种在互动仪式中所产生的情感投射和期待，都与情感能量和情感的层次性有关。在互动仪式中，用户的情境体验是分层的，其所经历的情感能量和情感状态呈现差异性。分析政务短视频在情感动员方面的传播效果可以从动态和静态两个层面来深入探究。从动态层面来看，互动的强弱直接影响了群体情感能量的上升或者下降，为了促进女性群体在使用妇联政务短视频时能产生更多的情感连带和群体认同，就需要政务号运营者及时回应互动。事实证明，这种情感动员的效果是显著的，女性群体在高度活跃的政务号上呈现出了自信、满腔热忱与主动进取的状态。有的短视频运营者还会把用户进行分类，构建以“情感能量”为导向的互动仪式激励体系。通过开设直播、创建专属群，为参与者提供相应的奖励。比如，主播在为乡村振兴的直播销售活动中提及屏幕滚动中的某些参与者的名字，这样的行为加强了“节奏的同步性”，并将其作为一种交互的先决条件。这与正向的情绪体验相互促进，从而增强了人际交互中的“仪式共鸣”。相对的，那些在交互中因受到消极情绪的影响而体验到低水平“情感能量”的参与者，可能会启动群体中的自我保护机制——避免与其他参与者的关注、压抑文化和情感符号的表达，以回避“节奏联结”，进而释放负面情绪。

从静态层面来看，情感动员的成功运作体现在三个维度。一是从中心 / 边缘参与度的维度，妇联政务短视频凭借权威的信息来源和公信力，在信息传播的过程中自然占据了中心地位。民众为获取及时、准确的公共信息和服务，通常会选择“追随”这样的权威政务号并积极与其互动。对于用户来说，他们可能处于互动的边缘，但也寻求尽可能地靠近信息的核心。尽管民众在参与度上可能没有政务号那样的核心地位，但他们在这个互动体系中是不可或缺的，正是他们的积极互动为政务号的运作提供了活力和动力。二是社交密集度关注的是互动的频率和深度。妇联政务短视频为了维护与民众的紧密联系，必须确保其内容更新的频繁性、回应用户需求的时效性以及在线活动的持续性。例如，政务号应及时回应用户的评论、问题和反馈，定期举办在线交流活动，并保持信息发布的连续性。这种高度的社交密集度不仅能够提高用户的参与度，还能在用户心中培养对政务号的信任感，从而增强其与政务号之间的情感联系。三是社交多样性突出了互动参与群体的多样性和一致性。妇联政务短视频在面向广大民众时，需要考虑用户群体的多样性。虽然一些特定的内容或活动可能只吸引某一特定群体，但总体上，政务号应该力求满足多种用户的需求和兴趣，以保持其广泛的吸引力。同时，考虑到用户之间的一致性，政务号在传播信息或组织活动时，更容易获得广大用户的共鸣和认同。

（三）集体道德感

情感能量在互动仪式链理论中占据核心地位，既是仪式的内在动力也是其最终产出。而这一概念并不仅指代我们在日常生活中经常提及的快乐或伤心，而是描述了一种长期的、稳定的社会情感状态，反映了人们参与社会互动和追求归属感的深层需求。而要将短期情感向长期“情感能量”转换，就需要参与者通过对某一个事物的有意识关注获得象征群体团结的符号，进而当个体从一个瞬间的集体兴奋的际遇中流转到下一个际遇，从而形成连续不断的个体“际遇链”。这种能唤起参与者理解和记忆的就是集体符号。这种群体象征符号可能是一种标志或其他象征物，能让成员感知到自己与集体的相互关系。按照柯林斯的说法，群体象征符号是在仪式中形成并代表群体的标志物，它被群体共同关注，内化为群体内部约定俗成的象征符号，具有长久的生命力。[①] 比如，有的妇联政务号采用当地市花为蓝本创作卡通人偶作为头像，使得形象更加亲民、更加拟人化，不再是威严的符号，而是亲近的朋友。而且即使用户离开了短视频互动仪式情境也能时刻感到自己与妇联组织息息相关。这时候，妇联政务号本身的政治符号就转化成了群体性的符号，有助于提升用户对妇联组织的认知，进而进行情感动员。

群体符号不仅要有象征意义，还要有符号资本的交换价值。符号交换的前提是互动双方都能理解各自处境并能用符号进行沟通，互动仪式链才能顺利推进。一个人具备丰富的群体身份符号，这会促进更多互动仪式的发生。例如，妇联政务号中对于留守妇女进行农产品直播带货的知识培训技能、家庭和职场中妇女权益保护问题等，都成为群体身份标志识别的关键因素。当人们进行符号资本交换的时候会进行选择，当相同或者类似“际遇”的女性进行互动的时候，更容易体验到愉快和满足的交互体验。因此，妇联政务号为女性提供了交换情感能量和符号资本的空间。值得注意的是，符号占有的不平等导致双方几乎无可交换，人们从而会趋向于寻找更平等的匹配者。[②] 这

---

① 贾毅：《网络秀场直播的“兴”与“衰”——人际交互 · 狂欢盛宴 · 文化陷阱》，《编辑之友》2016年第11期。

② 黄莹、王茂林：《符号资本与情感能量：互动仪式链视角下网络直播互动分析》，《传媒》2017年第8期。

也要求妇联政务号在定位的时候选择相对垂直的领域会更好。

在参与者得到群体情感的高度尊重的时候，形成了一种集体的道德感，不允许群体之外的“局外人”轻视这个群体，并且捍卫和维护这个组织。作为政务号的发布者，妇联组织也在这个过程中成为政策的宣传者和被监督者。这份道德感也进一步加强了互动仪式的边界感。一旦有人越界，则会有一种难堪、伤害和污损了群体象征符号，破坏群体内部团结的感受。

五、结语

“互动仪式链”使得政府组织与每个服务的对象个体通过短视频平台上的互动行为，产生情感共鸣。本文研究依托互动仪式链理论，以妇联政务短视频为研究对象，考察了政府组织与参与者在短视频传播中的情感动员发生机制和效果。政府积极入局短视频平台，通过营造虚拟在场的情景，促使网民加入其中；通过宣传政策和女性议题，强化了彼此的身份感，形成了“姐妹情深”的群体情感连带，加强了群体内的团结和集体道德感。各级妇联组织通过政务号建立了政府与基层妇女群众之间崭新的沟通方式，这种方式不同于图文形式，更加立体和丰富，有效地改善了妇联组织的媒介形象，增强了公信力，促进了良好网络舆论环境的形成。

部分政务短视频还存在身体在场缺失、焦点设置错位、情感连带不足、网络化运营缺乏等问题。互动仪式链的研究只是一个阶段性的规律总结，这些问题也说明了包括妇联组织在内的政务短视频未来在情感动员方面还有巨大的潜力可以发掘。

第五章
新媒体产品运营

新媒体产品运营不只是数字工具和平台的应用，还是在数字化时代如何有效地与受众互动、创造价值并实现商业目标的艺术与科学。它结合了传播学的核心理论与现代技术的实践，致力于构建更具吸引力、高参与度和持续性强的媒体体验。在本书中，我们将深入探索如何在竞争激烈的新媒体环境中成功运营产品，以及如何通过创新策略和方法将品牌故事与受众紧密相连。

第一节　新媒体产品概况

当下，新媒体产品运营正处于一个快速变化和发展的时期。以下是对新媒体产品运营前沿与能力要求的概括性信息。

一、新媒体产品的定义与特点

新媒体产品指利用数字技术和互联网平台，为用户提供信息、娱乐、社交和商务功能的产品。与传统媒体相比，新媒体产品具有即时性、互动性和可追踪性的特点。

新媒体产品通常融合了文本、图像、声音和视频等多种媒体形式，为用户提供了丰富的感官体验。例如，数字杂志不仅包含文本和图像，还可能包含视频、音频和互动元素，为读者提供了一种沉浸式的阅读体验。

新媒体产品具有高度的即时性。信息可以在几秒钟内传播到全球，使得新闻和事件的报道变得更加迅速和及时。例如，社交媒体上的“热门话题”功能可以实时反映出全球用户的关注点和讨论焦点，为用户提供了一个了解全球动态的窗口。

新媒体产品的最显著特点之一是互动性。与传统媒体相比，新媒体不再是单向的信息传播，而是允许用户参与和互动。例如，社交媒体平台上的用户不仅可以接收信息，还可以发布、评论、分享和回应。这种互动性为用户提供了一个平台，使他们成为信息的生产者和消费者，从而改变了传统的传播模式。

新媒体产品的另一个重要特点是可追踪性。通过各种分析工具，运营者可以详细了解用户的行为、兴趣和偏好，从而更好地优化内容和策略。新媒体产品的传播不受地理和时间限制，具有强烈的全球性。信息可以在短时间内传播到世界的各个角落，使得全球用户可以随时随地访问和使用。这种全球性为跨文化交流提供了新的机会，也为品牌和企业提供了进入全球市场的机会。

总的来说，新媒体产品通过其独特的特点和功能，为用户提供了一个全新的信息消费和交流平台，同时也为品牌和企业提供了新的市场机会。随着技术的不断发展和创新，新媒体产品的定义和特点也将不断演变，为我们的生活和工作带来更多的可能性和机会。

二、新媒体产品的主要类型

新媒体产品的特点是不再局限于单一平台，而是需要在多个平台（如社交媒体、OTT 平台[①]、移动应用等）上进行整合和推广。新媒体产品通过数据驱动决策，利用大数据和 AI 技术对用户行为进行分析，从而作出更加精准的市场决策。新媒体产品结合社交媒体和电商功能，为用户提供更加个性化的购物体验；强调内容原创和独特的创意，以吸引和留住用户；重视与用户的互动，建立稳固的用户社区。

新媒体产品的类型多样，包括信息型新媒体产品、娱乐型新媒体产品、社交型新媒体产品和商务型新媒体产品。

信息型新媒体产品主要为用户提供最新的资讯和信息。这些产品通常以新闻、分析、评论和专题报道为主，覆盖各种领域，如政治、经济、文化和娱乐等。比如，今日头条是中国的一家领先的新媒体平台，其 App 通过使用先进的算法技术，为用户推荐个性化的新闻资讯和内容。该应用不仅覆盖国内外的重大新闻事件，还包括生活、科技、娱乐等多个领域的资讯。今日头条 App 具有实时更新的功能，能够根据用户的阅读习惯和偏好智能推荐内容。此外，它还提供了用户生成内容的平台，允许用户发表自己的观点和评论。今日头条在中国乃至全球范围内都拥有庞大的用户群体，它为用户提供了一个丰富多样、高度个性化的信息获取平台。

娱乐型新媒体产品主要满足用户的娱乐需求，包括音乐、电影、电视节目、游戏等。比如，Netflix 是全球领先的流媒体服务提供商，为用户提供了大量的电影、电视节目、纪录片和原创内容。用户可以在任何支持 Netflix 的设备上观看内容，如智能电视、游戏机、移动设备和计算机。Netflix 的内容库非常丰富，涵盖了各种类型和风格，从好莱坞大片到独立电影，从经典电视节目到最新的原创系列。Netflix 在全球范围内都有大量的订阅用户，它为用户提供了一种高质量和多样化的娱乐体验。

---

① OTT平台（Over-The-Top），指通过互联网提供影视内容、直播、游戏等服务的平台，用户可以通过电脑、智能手机、平板电脑、智能电视等设备在线观看视频内容，而无须订阅传统的有线电视或卫星电视服务。OTT服务可以是免费的，也可以订阅，还有一些是通过广告支持的。

社交型新媒体产品帮助用户与他人建立和维护联系，包括社交网络、即时通信工具和论坛等。比如，微信是中国的社交和生活服务平台，为用户提供了聊天、支付、购物和其他多种功能。用户可以通过微信发送文本、语音和视频消息，分享照片和链接，以及参与群聊。此外，微信还提供了许多生活服务，如打车、订餐、购票和支付等。微信的生态系统非常丰富，涵盖了用户日常生活的各个方面。在中国，微信已经成为人们生活中不可或缺的一部分，它为用户提供了一个全面和便捷的社交和生活体验。

商务型新媒体产品为用户提供在线购物和交易的功能，如电商平台、在线支付工具和虚拟货币等。比如，阿里巴巴是中国的电商巨头，为用户提供了 B2B、B2C 和 C2C 的电商服务。用户可以在阿里巴巴的各个平台上购买和销售商品，如淘宝、天猫和 1688 等。此外，阿里巴巴还提供了支付、物流和云计算等服务，为用户提供了一个完整的电商生态系统。阿里巴巴在全球范围内拥有大量的用户和商家，能够提供便捷和高效的在线购物体验。

三、新媒体产品的发展态势

在全球范围内，新媒体产品的发展正受到技术进步的深刻影响。随着数字技术的日益成熟和普及，我们正在见证一个数字化的时代，其中新媒体产品不仅改变了人们的生活方式，还为企业和品牌提供了无数的机会。

智能手机的广泛使用是新媒体产品发展的关键驱动力之一。根据 GSMA 发布的《2023 年移动互联网报告》，到 2022 年年底，全球 54% 的人口（43 亿人）拥有智能手机。[①]这种普及率的增长为新媒体产品提供了巨大的市场潜力。例如，短视频应用如 TikTok 在印度和其他发展中国家迅速获得了大量用户，而在中国，抖音和快手等应用已经成为日常生活的一部分。

① GSMA，“The State of Mobile Internet Connectivity Report 2023”，https://www.gsma.com/solutions-and-impact/connectivity-for-good/mobile-for-development/gsma_resources/the-state-of-mobile-internet-connectivity-report-2023/.

人工智能和其他先进技术的应用正在改变新媒体产品的面貌。例如，推荐算法使得内容提供商能够为用户提供更加个性化的内容，而语音识别和虚拟助手技术使得用户与新媒体产品的互动变得更加自然和高效。在中国，阿里巴巴的“天猫精灵”和百度的“小度”都是受欢迎的智能语音助手，它们为用户提供了音乐、新闻和其他服务。

此外，5G 和其他新的通信技术为新媒体产品提供了更快、更稳定的连接，这对于流媒体服务、在线游戏和其他需要高带宽的应用至关重要。例如，中国电信和中国移动等主要的通信运营商在众多城市部署 5G 网络。目前，5G 网络已经覆盖我国所有地级市、县城城区，这为新媒体产品的发展提供了强大的支持。

总的来说，技术进步推动新媒体产品的发展，为用户、企业和品牌提供了无数的机会和挑战。一方面，新媒体产品为全球传播提供了前所未有的机会。例如，通过新媒体平台，小型企业和个人创作者可以轻松地将其内容推广到全球市场。新媒体产品也为跨文化交流和合作提供了新的平台和工具，促进了全球化的进程。另一方面，人们也会遇到信息过载、隐私和安全问题，以及跨文化和跨语言的传播障碍的挑战。例如，如何确保用户数据的安全和隐私，以及如何避免假新闻和误导性信息的传播，这些都是新媒体平台需要解决的问题。

第二节　产品运营的定义、目标与策略

一、产品运营的定义

互联网产品运营指的是围绕互联网产品进行的一系列策略和实践，旨在最大化产品的用户价值和商业价值。这涉及从市场研究、用户需求分析到产品上线、推广、持续优化和迭代的全过程。互联网产品运营的核心是用户，

强调快速迭代、数据分析、用户体验优化和跨平台策略。

互联网产品运营与传统企业产品运营在本质上都是为满足用户需求、创造产品价值和实现商业目标。无论是传统产品还是互联网产品，运营者都需要深入了解市场和用户、进行有效的推广和销售、优化供应链和后续服务。在某种程度上，互联网产品运营可以从传统企业产品运营中吸取经验和教训，反之亦然。

与传统企业产品运营相比，互联网产品运营有几个显著的特点。首先，互联网产品运营更加灵活和迅速，可以在短时间内对产品进行迭代和优化，以适应市场的变化。其次，互联网产品运营强调数据驱动，借助各种数据分析工具和技术，深入了解用户行为、需求和反馈，从而更有针对性地进行优化。最后，互联网产品往往具有社交和分享功能，运营策略也更加注重利用社交媒体、内容营销和口碑传播。

总的来说，互联网产品运营与传统企业产品运营在方法和策略上存在差异，但其核心目标和价值观念是一致的，都是为了提供优质的产品和服务，满足用户需求，创造商业价值。

二、产品运营的目标

在新媒体时代，产品运营已经成为企业成功的关键因素之一。对于产品运营人员来说，他们的工作不单是推广产品，更是通过深入了解用户需求和市场趋势，为用户提供更好的产品和服务。为了实现这一目标，产品运营人员需要从微观和宏观两个层面进行工作。

1. 微观视角：用户为中心

从微观层面来看，产品运营的核心是用户。无论是新产品的推出，还是既有产品的优化，都需要围绕用户的需求进行。这意味着产品运营人员需要深入了解用户的行为、习惯和需求，通过数据分析、用户调研和反馈收集等方式，不断优化产品，提高用户满意度。

例如，通过对用户行为数据的分析，产品运营人员可以发现用户在使用产品过程中的痛点和需求，从而对产品进行相应的优化。此外，通过用户调研和反馈收集，产品运营人员还可以了解用户的真实感受和建议，为产品的迭代提供有力的支持。

在这一过程中，产品运营的主要关键绩效考核指标是PV（页面浏览量）和UV（独立访客数）。PV反映了用户对产品的关注度和活跃度，而UV则反映了产品的用户基数。通过对这两个指标的跟踪和分析，产品运营人员可以了解产品的表现和用户的反馈，从而制订更有效的运营策略。

2. 宏观视角：市场为导向

从宏观层面来看，产品运营的目标是在竞争激烈的市场中脱颖而出，实现产品的成功。这意味着产品运营人员需要对市场进行深入的分析，了解市场的趋势和竞争态势，为产品的推广和定位提供有力的支持。

例如，通过对市场的分析，产品运营人员可以了解到哪些产品或功能是用户最需要的、哪些市场或用户群体是最有潜力的，从而为产品的推广和定位提供有力的支持。此外，通过对竞争对手的分析，产品运营人员还可以了解市场上的竞争态势，为产品的差异化和竞争策略提供参考。

在这一过程中，产品运营的主要KPI不仅是PV和UV，还包括市场份额、用户留存率和转化率等。这些指标可以帮助产品运营人员了解产品在市场上的表现，从而制订更有效的运营策略。

无论是从微观层面还是宏观层面，产品运营都是一项复杂而系统的工作。它不仅是推广产品，更是通过深入了解用户和市场，为用户提供更好的产品和服务。为了实现这一目标，产品运营人员需要具备丰富的经验和相关专业知识，不断学习和进步，为产品的成功助力。

三、产品运营的策略

1. 根据产品性质

新媒体产品的运营策略因其性质和目标而异。针对独立产品、平台产品与入驻产品，我们可以采取以下不同的运营策略：独立产品需通过强化品牌独特性和优化用户体验在市场中脱颖而出；平台产品应构建健康的生态系统，确保内容质量并支持外部创作者的成长；入驻产品需在遵循宿主平台规范的基础上，展现差异化特点并充分利用平台资源。

表 5　不同产品性质的运营策略

产品性质	定义	运营策略
独立产品	通常指那些独立存在、不依赖于其他平台的产品，如某个特定的应用或网站	1. 品牌塑造：由于独立产品需要在市场中建立自己的地位，强调品牌的独特性和价值是至关重要的 2. 用户获取：通过搜索引擎优化、搜索引擎营销、社交媒体广告等方式，积极吸引新用户 3. 用户留存与建立反馈渠道
平台产品	为其他产品或服务提供平台的产品，如苹果应用商店或微信	1. 生态系统建设：鼓励开发者和内容创作者为平台贡献内容和应用 2. 多方互利：为开发者和内容创作者提供合适的激励机制，如分成和推广支持 3. 数据分析：为开发者和内容创作者提供有关市场趋势和用户偏好的洞察
入驻产品	指那些依赖于其他平台而存在的产品	1. 合规与适应：确保产品符合平台的规定和标准，利用平台提供的工具和资源 2. 差异化策略：在众多的入驻产品中脱颖而出，提供独特的价值和体验 3. 利用平台流量与平台合作

（1）独立产品

互联网的独立产品呈现出一种独特的构建和运营方式，它们不依赖于任何外部平台的接口或资源。这种类型的产品源于一个核心的想法或需求，完全独立于其他平台或服务。例如，中国的腾讯公司推出了 QQ，一个即时通信软件。起初，QQ 纯粹是一个独立的聊天工具，没有与任何外部应用或平台的集成。然而，随着时间的推移，它逐渐增加了更多的功能，如音乐、视频和社交游戏，但它始终保持其独立产品的核心特点。相对地，欧美市场上的 WhatsApp，从一开始就保持了其简单、高效的即时通信功能，尽管后来被 Facebook 公司收购，但它仍然作为一个独立的应用存在。对于共建“一带一路”国家来说，Zalo 是越南非常受欢迎的即时通信应用，类似于 QQ 和 WhatsApp，它提供了文本、语音和视频通信的功能，但没有过多的附加功能。独立产品的主要优点是它们可以快速响应市场变化，无须考虑外部平台的限制或规则。但它们也面临着获取用户、推广和持续创新的挑战。

对于独立产品，由于其独立性和核心功能的专注性，运营策略往往更加关注产品质量、用户体验和品牌建设。首先，持续的产品迭代和优化是关键。只有确保产品功能稳定、易用，且能有效满足用户需求，独立产品才能在竞争中占得先机。其次，由于独立产品没有平台流量的支持，因此市场推广和用户获取策略尤为重要。这可能包括搜索引擎优化、社交媒体营销、口碑传播等。最后，由于独立产品需要建立自己的用户群，因此用户留存和忠诚度建设也十分重要。这可能涉及构建社区、提供优质的售后服务，或通过内容营销吸引和留住用户。

美国公司多宝箱（Dropbox），与其同名的云存储产品，成立于 2007 年，产品的早期运营策略是极其成功的。它采用了一个简单而高效的推荐策略：为推荐新用户的现有用户提供免费的存储空间。这种策略使得 Dropbox 在没有花费大量广告费用的情况下迅速扩展了用户基数。除此之外，Dropbox 还专注于提供简洁、高效和跨平台的用户体验，确保其产品对于所有用户都是易用的。他们的桌面同步客户端几乎是即插即用，从而降低了用户的使用门槛。因此，通过推荐策略和卓越的用户体验，Dropbox 成功地运营了其独立产品，并迅速占领了市场。

（2）平台产品

平台产品代表了一种完全不同的互联网产品类型。与独立产品相比，它们为第三方开发者或企业提供一个集成的环境或生态系统，使其可以在这个平台上开发和运营自己的应用或服务。例如，中国的微信，最初是一个即时通信应用，但很快发展成了一个强大的平台，提供了微信小程序、微信支付等多种服务和开放的 API（应用程序编程接口）。这使得许多第三方开发者可以在微信平台上开发自己的小程序和应用。欧美的 Facebook 也采取了类似的策略，它提供了一个开放的平台，允许第三方开发者在其平台上开发应用和游戏。对于共建“一带一路”国家，印度尼西亚的 Go-jek 是一个综合性的服务平台，提供了从打车、送餐到金融服务的一系列应用。平台产品的主要优势是它们可以为第三方提供一个现成的庞大用户群，但同时也面临着管理和维持这个庞大生态系统的挑战。

对于平台产品，其运营策略的核心在于如何吸引和留住第三方开发者或企业，同时确保平台的稳定性和安全性。为了吸引第三方开发者，平台需要提供强大、易用且灵活的开发工具和 API。此外，平台还需要提供各种推广和变现工具，帮助开发者实现盈利。为了维护平台的稳定性和安全性，平台需要定期进行技术更新和安全检查，确保没有任何威胁。此外，为了保证活跃度，平台也需要定期举办各种活动和竞赛，鼓励开发者创新和交流。

华为的应用分发平台——华为应用市场（AppGallery），其成功之处在于吸引了大量的开发者为其创建应用，并确保了用户能够在一个安全、高效的环境中下载和使用这些应用。为了吸引和留住开发者，华为提供了一整套开发工具和详细的指南，使得开发者可以更容易地为鸿蒙系统（HarmonyOS）及安卓系统（Android）创建应用。同时，通过持续的质量审核，华为确保了应用市场内的应用都是高质量和安全的，这为用户提供了信任感。华为应用市场特别注重本地化和个性化推荐，通过智能算法向用户推荐应用，提高了用户体验和应用的可见度。此外，华为还定期举办开发者大会（HDC），鼓励开发者分享和学习，进一步促进了开发者社区的活跃性和创新性。华为还通过提供竞争力的收益分成比例、营销支持和技术支持等方式，激励开发者为平台贡献更多高质量的应用。通过这些措施，华为应用市场不仅提升了自身的竞争力，也为全球用户提供了一个丰富、安全和高效的应用生态系统。华为的这一策略体现了其对开发者社区的重视，以及通过不断创新和提高服务质量来满足用户需求的承诺。

（3）入驻产品

入驻产品则是那些完全依赖于外部大型平台或应用的互联网产品。它们通常没有自己的独立用户群，而是依赖于平台的用户群进行推广和运营。例如，中国的微信小程序中有许多商家和品牌的入驻应用，这些应用利用微信的大量用户群进行推广和销售。在欧美，Instagram 上有许多品牌和商家的账号，这些账号依赖于 Instagram 的用户群进行品牌推广和产品销售。印度尼西亚的 Tokopedia 是一个电商平台，有大量的商家和品牌入驻，利用平台的流量进行销售和推广。入驻产品的优点主要是它们可以快速获得大量用户，但缺点是完全受制于外部平台的政策和规则。

对于入驻产品，其运营策略的重点在于如何最大化利用平台的流量和资源，同时维持与平台的良好关系。首先，入驻产品需要深入研究平台的用户群，确保其产品或服务能够满足这些用户的需求。其次，由于入驻产品通常面临着与其他入驻产品的竞争，因此产品差异化和创新也十分关键。为了最大化利用平台的流量，入驻产品需要定期进行市场分析和调研，确保其市场策略与平台的变化保持同步。最后，与平台保持良好的关系也是关键，这可能涉及参加平台举办的各种活动和培训，或与平台进行深度合作。

小红书是中国的一款社交电商平台，允许品牌和个人入驻并分享产品和生活方式的帖子。与传统的电商平台不同，小红书强调的是内容的原创性和社交性，鼓励用户分享和互动。对于入驻的品牌和个人，可以通过发布有吸引力的内容来吸引关注，并将这些关注转化为销售。例如，一家手工皂品牌可以在小红书上分享其制作手工皂的过程和背后的故事，从而吸引对手工制品感兴趣的用户。随着越来越多的用户关注和互动，该品牌可以逐渐提高其在小红书上的影响力，并将其转化为销售额。通过这种方式，小红书为入驻的品牌和个人提供了一个展示和销售自己产品的独特平台。

2. 根据产品生命周期

根据产品的生命周期进行运营共有五个阶段，不同阶段的产品运营重点不同，这五个阶段分别为：验证阶段、启动阶段、增长阶段、稳定阶段和衰落阶段。在验证阶段，产品运营的核心是测试市场对产品的接受度，通过小规模的试验和市场调研来验证产品的市场潜力和用户需求。进入启动阶段，重点是产品的正式发布和市场推广，此时需要大力宣传，确保目标用户对产品有足够的认知。增长阶段的运营策略主要集中在快速扩大市场份额，通过优化用户体验、增强产品功能和进行大规模的市场活动来吸引更多的用户。到了稳定阶段，市场对产品的需求已经相对稳定，运营的主要任务是维护现有的用户群，提高用户的忠诚度，并寻找增值服务的机会。最后，在衰落阶段，当产品面临市场需求的减少，运营需要考虑如何降低成本，延长产品的生命周期，或者寻找转型和迭代的机会。在产品的整个生命周期中，运营策略应根据市场和用户的反馈进行持续调整，确保产品始终与市场和用户的需求保持一致。

表 6　不同阶段的产品运营重点

序号	阶段	关键词	运营重点
1	验证阶段	市场调研、原型测试、用户反馈、风险评估、最小可行性产品	在最小的资源投入下验证产品的市场需求，通过收集早期用户的反馈来完善产品
2	启动阶段	产品发布、初步市场推广、用户教育、关键指标监控、用户增长	正式向市场推出产品，努力获取第一批用户，并对他们进行有效的教育和培训，确保产品的成功使用
3	增长阶段	扩大市场、优化推广、数据分析、增长黑客、用户留存	在产品市场已被验证的基础上，迅速增长用户群，采用各种方法和技巧来提高产品的用户留存和活跃度
4	稳定阶段	维护现有用户、品牌建设、盈利模式、多元化产品、客户关系管理	固化现有的用户基础，优化盈利模式，同时探索新的市场或产品扩展的机会
5	衰落阶段	产品迭代、市场调整、成本控制、产品转型、退出策略	面对市场和用户需求的变化，对产品进行必要的调整或迭代，或考虑产品的转型和市场的重新定位；在必要时，制订退出或转型的策略

（1）验证阶段的运营重点

验证阶段，产品的核心目的是确定市场对其存在的真正需求并检验其核心假设。最小可行性产品（Minimum Viable Product，MVP）是一种产品开发策略，它主张在最短的时间内、使用最少的资源，创建一个具备基本功能的产品版本，以便快速将其推向市场并获得用户反馈。MVP 的目的并不是创造一个完美的产品，而是验证核心的产品假设和价值主张，确保产品的方向和市场的需求相匹配。例如，Slack 最初是作为一个内部工具为美国游戏开发公司 Tiny Speck 所开发的。但当公司意识到这一通信工具的巨大潜力时，开始将其作为一个独立的产品推向市场。Slack 团队先期发布了一个简化版，目标是获取早期用户的反馈，确保其满足市场需求。这个阶段的关键是最小化资源投入，而获取尽可能多的反馈，然后据此调整和完善产品。

（2）启动阶段的运营重点

在启动阶段，产品正式对外发布，开始寻求市场的关注。例如，美国的色拉布（Snapchat）最初吸引了年轻用户群体，因为它提供了一种全新的、与众不同的社交体验，即发送的信息将在短时间内消失。为了使其用户群迅速扩大，Snapchat 不断推出新功能，如“故事”和“滤镜”，并进行大量的市场宣传。在这个阶段，对用户教育和推广至关重要，因为要确保市场知道产品并开始使用它。

（3）增长阶段的运营重点

增长阶段的主要目标是扩大用户基数，并持续增加用户活跃度。例如，网易云音乐把乐评搬进地铁，组织了 # 看见音乐的力量 # 活动，有效地拉动了用户的增长。这一运营活动成功的关键是其高质量的用户评论，形成了一种独特的互动模式，即用户在听歌的同时浏览相关评论。活动经过精心的数据分析和筛选，从上亿条用户评论中选出的一些精选评论，每一条都具有较强的情感共鸣能力。此外，项目的视觉设计采用了红白色调，旨在提供强烈的视觉刺激效果。地铁作为项目的情感载体，与广大用户对于“奋斗中的疲惫与孤独”这一主题的情感共鸣相契合，从而有助于情绪的有效传播和扩散。

（4）稳定阶段的运营重点

在稳定阶段，产品已在市场中站稳脚跟，但增长可能放缓。此时，维护现有用户和找寻新的盈利模式变得至关重要。例如，美国软件公司奥多比（Adobe）将其传统的软件产品转变为基于云的订阅服务，这不仅为公司带来了稳定的收入，还大大提高了用户的忠诚度。维护用户关系、提供高质量的客户支持和拓展产品服务范围都是此阶段的重点。

（5）衰落阶段的运营重点

对于那些进入衰落阶段的产品，面对市场竞争和技术更迭是难以避免的。例如，黑莓手机（Blackberry）曾是智能手机市场的领导者，但随着 iPhone 和 Android 系统的兴起，其市场份额急剧下降。为了适应市场变化，Blackberry 决定转型，从硬件制造商转变为软件和服务提供商。在衰落阶段，产品需要评估其核心价值，进行必要的转型，或者考虑与其他企业合作以共同开发新产品。

第三节　产品运营的要求与女性向产品

一、产品运营的职能和岗位要求

1. 产品运营的主要职能

新媒体产品运营是一个复杂而多面的领域，其核心职能是确保产品在市场中的成功。首先，运营团队需要对市场进行深的分析，了解目标用户的需求、兴趣和行为，以便制订有效的市场策略。此外，运营团队还需要与产品团队紧密合作，确保产品的设计、功能和体验都能满足用户的期望。在产品发布后，运营团队的任务是通过各种渠道和手段，如广告、公关、社交媒体和内容营销，来吸引和保留用户。同时，运营团队还需要收集和分析用户数据，如访问量、停留时间、转化率和用户反馈，以评估产品的性能和市场反应。基于这些数据，运营团队可以对产品和市场策略进行调整和优化，确保产品的持续成功。此外，运营团队还需要与其他部门，如销售、客服和财务，进行协调和合作，确保产品的商业目标得以实现。总的来说，新媒体产品运营的职能是确保产品在市场中的成功，通过深入了解市场和用户，制订和执行有效的市场策略，收集和分析用户数据，持续优化产品和市场策略，与其他部门合作，实现产品的商业目标。

2. 产品运营的岗位要求

随着新媒体的快速发展，产品运营的岗位要求也变得越来越高。第一，产品需要具备扎实的市场和用户分析能力，能够对大量的数据进行深入的挖掘和分析，找出市场的趋势和机会。第二，候选人需要具备强烈的市场洞察力和创新意识，能够发现市场的新机会和挑战，并制订有效的市场策略。第三，在执行市场策略时，候选人需要具备出色的项目管理能力和团队协作能力，确保市场策略的顺利实施和执行。第四，候选人需要具备良好的沟通和人际交往能力，能够与其他部门和团队进行有效的沟通和协作。第五，在技术方面，候选人需要熟悉新媒体的技术和工具，如搜索引擎优化、社交媒体管理和数据分析工具。第六，候选人需要具备一定的创意和审美能力，能够为产品和市场策略提供新的创意和视角。第七，在职业素养方面，候选人需要具备高度的职业道德和责任感，对产品和市场策略负有最终的责任。

总的来说，新媒体产品运营的岗位要求是综合性的，需要候选人具备扎实的市场和用户分析能力、敏锐的市场洞察力、强烈的创新意识、出色的项目管理和团队协作能力、良好的沟通和人际交往能力、熟悉新媒体的技术和工具、具备一定的创意和审美能力、具备高度的职业道德和责任感。

二、女性向产品的特点与运营

1. 新媒体女性向产品的特点

女性向产品通常指为女性设计和制造的产品，设计者应考虑到女性的特定需求、兴趣和生活方式。

一是个性化与定制化。女性向产品往往更加个性化和定制化，以满足不同女性的需求和喜好。例如，某美妆销售平台的数字系统可以为顾客提供个性化的化妆品推荐，确保产品与顾客的肤色和肤质相匹配。

二是功能性与实用性。女性向产品通常具有很强的功能性和实用性，以解决女性在日常生活中遇到的实际问题。例如，某款卫生巾设计有强大的吸收能力，确保女性在月经期间的舒适度。

三是美观与时尚。女性向产品往往更加注重外观和设计，以满足女性的审美观和时尚追求。例如，某时尚品牌的女性手表结合了功能性和时尚设计，成为许多女性的首选配饰。

四是安全与健康。女性向产品通常更加注重安全和健康，避免对女性的身体和健康造成伤害。例如，某品牌的护肤产品不含有害化学物质，确保女性的皮肤健康。

五是情感与体验。女性向产品往往更加注重情感和体验，提供愉悦和满足的购买、使用体验。例如，某品牌的手工肥皂和浴球不仅具有独特的香味和颜色，还提供了一种放松和享受的沐浴体验。

六是社会责任感。女性向产品通常更加注重社会责任感，关注环境保护、公益慈善等社会议题。例如，某品牌的护肤产品强调不进行动物测试，支持公平贸易和环境保护。

总的来说，女性向产品有其独特的特点和风格，这些特点与女性的需求、兴趣和生活方式相契合。品牌和企业需要深入了解这些特点，才能更有效地吸引和满足女性用户。

2. 新媒体女性向产品的运营

在新媒体时代，针对女性用户的产品运营已经成为一个重要的领域。女性用户群体具有独特的需求和习惯，对产品的要求也有所不同，产品运营需要有针对性的策略和方法。

首先，要深入了解女性用户的需求和习惯。女性用户的需求和习惯与男性用户有所不同。例如，女性用户更加注重产品的外观和设计，更加关心产品的使用体验和安全性。因此，产品运营需要深入了解女性用户的需求和习惯，提供符合她们口味和需求的产品。

其次，女性用户注重产品的功能和特点，而不仅是价格。在进行产品运营时需要强调产品的功能和特点，如产品的使用方法、效果和安全性等，帮助女性用户了解产品的价值。女性用户还注重品牌的形象和文化，关心品牌的历史和故事。因此，产品运营需要强化品牌的形象和文化宣传，通过品牌故事和活动等方式，建立与女性用户的情感连接。女性用户普遍注重产品的售后服务，如产品的保修、退换货和维修等。产品需要提供完善的售后服务，确保女性用户在购买和使用产品过程中得到满意的服务。

最后，产品和服务的创新也必不可少。女性用户更加愿意尝试新的产品和服务。对此，产品运营需要不断创新产品和服务，提供新的产品和服务体验，满足女性用户的新需求。

总的来说，针对女性向产品的运营需要有针对性的策略和方法，深入了解女性用户的需求和习惯，提供符合她们口味和需求的产品和服务。只有这样，才能真正满足女性用户的需求，实现产品的成功。

扩展阅读　“短视频＋直播”赋能女性人才[①]

一项为期 3 年围绕农村女性利用“短视频＋直播”就业创业的活动，在 2018 级～ 2020 级中华女子学院网络与新媒体专业学生中展开。通过网络观察法与在线问卷法对平台上的农村女性主播调研发现，数字经济为农村女性创业提供了良好的环境，她们通过新媒体拥有更多的话语权与创新创业的机会。

① 本文节选自《中国妇女报》2022年12月22日刘旸撰写的《“短视频+直播”赋能女性人才，助力乡村振兴——基于中华女子学院网络与新媒体专业“巾帼助农”活动》一文。

然而女性从业者人数的增加，并不意味着性别鸿沟的缩小。提升农村女性参与乡村振兴的数字技能与媒介素养，还需要全社会的共同努力。

乡村振兴是国家战略，是时代主题。党的十九大以来，各级妇联积极推进妇女城乡发展各项工作，包括“巾帼脱贫行动”“创业创新巾帼行动”“乡村振兴巾帼行动”等。笔者所在的中华女子学院网络与新媒体专业，学生连续三年围绕“巾帼助农”展开系列科研与实践活动。

一、“短视频＋直播”赋能女性人才

随着网络宽带在农村的铺设，农村女性新媒体技能有所提升。通过案例研究发现，有三类农村女性加入“短视频＋直播”的创业就业中来。一类是返乡创业的女大学生。例如，甘肃姑娘小陈，家里祖祖辈辈种百合，她也喜欢从事农产品行业，返乡创业，成为当地第一个通过直播平台卖百合的年轻人。地方百合产量低，但品质特别好，一家种二三十亩，她通过自己的努力让家乡的百合被更多人知道。第二类是当地的女干部。2020 年，新疆的贺娇龙因身披红色斗篷，在雪地中飒爽策马的短视频迅速走红网络，短视频账号全网粉丝量已突破 500 万。视频的主人公贺娇龙时任新疆伊犁昭苏县人民政府副县长。她在工作之余踏上了公益助农直播的道路，单场直播带货金额高达百万元。第三类是留守妇女。这类农村女性的数字媒介素养需要全面提升。

为此，2015 年起，全国妇联持续安排专项资金，与商务部、农业农村部等部门及互联网平台合作，对妇女开展短视频与网络直播技能培训。各级妇联还组织开展大赛，推广了一批特色农产品，培养了一批巾帼直播新农人。为了响应国家乡村振兴战略，促进妇女发展，中华女子学院 2018 级网络与新媒体专业学生建立了各省市妇联运用短视频直播手段进行帮扶的“巾帼扶贫案例库”。各地妇联组织相继开设了线上与线下的“短视频＋直播”培训，切实激发妇女创新创业动能。2019 级学生选取了直播平台中优秀的农村女主播对其直播运营技能、直播话术等进行深入的个案研究，将研究下沉到微观领域，从提升新媒体技能角度为农村女性服务。2020 级学生在前期研究基础上开展了以“家乡美食”为主题的巾帼助农实践活动，通过海报制作、视频剪辑、虚拟直播等方式宣传家乡美食，展现对祖国与家乡的热爱。实践周活动获得校级教学改革优秀奖。

如今短视频与直播发展迅速，作为新兴事物，也不可避免地存在一些问题。农村女性群体是接触网络新媒体的靠后群体。为了引导和鼓励广大妇女顺应数字化发展潮流，需要不断健全农村新媒体从业妇女劳动者权益保障制度，提升她们的数字媒介素养，才能促进更多女性积极参与并从中受益。

二、“短视频＋直播”助力乡村振兴

《中国妇女发展纲要（2021—2030年）》中“妇女与环境”目标包括了全面提升妇女的媒介素养，提高妇女利用信息技术参与新时代经济社会高质量发展的能力。通过“短视频＋直播”为农村女性赋能的同时，还要扫除性别盲点、提升网络安全意识，建立正规的岗位技能职业培训，营造通过新媒体返乡就业创业的良好社会氛围。

一是扫除数字劳动性别盲点，为农村女性线上“护航”。马克思在《1844年经济学哲学手稿》中曾提出了“异化劳动”概念，用以概括劳动者同他的劳动产品及劳动本身的关系。女主播从事的数字劳动区别于以往固定时间、空间中所从事的对象化的传统劳动，有学者也将其称之为“情绪劳动”“身体劳动”“审美劳动”。数字经济时代，人们的休闲时间增多，包括农村女性在内的网络用户摆脱了“具身”与“在场”的限制，拥有了更强的劳动主体性与自我赋能。农村女性可以通过数字技术在网络空间中进行自由劳动，她们自由安排直播时间，看似“弹性时间”的背后是以打破“家庭—工作”的公私边界为代价，因此这种非工作时间的数字劳动更具隐蔽性。农村女性无论作为网络直播中的主播，还是网络上购物的受众，作为产销一体的新农人，她们在网络上选品、下单、取货、直播、点赞、评论等一系列传播行为，都以数据化“燃料”的方式被吸附到了数字平台的商品化过程中，而原本这些工作应该由数字平台的企业工作人员来做。女性留下的数字痕迹成为大数据，继续进入下一轮的生产循环中，作为算法推荐的依据，无形中成为数字平台协作式“数字劳动”的一部分，为平台资本增值。

二是提升数字媒介素养，为农村女性织密“安全网”。习近平总书记曾于2014年2月27日在中央网络安全和信息化领导小组第一次会议上的讲话中指出，没有网络安全就没有国家安全。在加快数字化基础设施建设的同时也应重视女性创业者的数字伦理观及安全法规教育。一方面，合理、合规地运用数字媒介资源进行创新创业活动；另一方面，注重自我数字隐私保护，增强批判性吸收网络信息的能力。在2018年度国家网络安全宣传周，全国妇联宣传部与中华全国总工会网络工作部共同推出的《女性网络安全宣传手册》，对“杀猪盘”、网上贷款、晒娃等背后的隐患进行了分析教育，有利于农村女主播合理利用网络工具，保护自身合法权益。2020级网络与新媒体专业学生在“树新风　促振兴”凉山州暑期社会实践服务活动中，将“网络安全”作为媒介数字素养课程的重要组成部分，对农村女性进行宣传教育，也起到了良好的效果。

三是保护创造性劳动尊严，为农村女性打开新窗口。在2022年全国两会上，全国妇联提出了《关于在数字经济发展中促进妇女就业创业的提案》，建议拓展妇女在数字经济领域就业创业渠道，鼓励网络零售、移动出行、互联网医疗、网络直播等行业企业，开发适合女性的新职业，并建立岗位职级体系，为女性高校毕业生就业打开新窗口。[①]以往工业经济时代女性劳动者比例与职业声望之间存在负向关系。美国学者莫格勒（E. Moglen）基于网络语境曾提出“保护创造性劳动的尊严”。近年来，全国妇联开展了一系列的短视频直播等数字技能培训，就是为鼓励农村女性实现自我赋能。她们通过新媒体手段进行创造性劳动不仅解决家庭的生计问题，也能因为正能量的榜样作用得到社会的尊重。例如，甘肃省陇南市徽县水阳镇石滩村妇联主席梁倩娟在面对农村女性对新事物不信任、不敢张口直播的问题时，一直给予鼓励和帮

① 富东燕：《拓宽妇女在数字经济领域就业创业渠道》，《中国妇女报》2022年3月7日第2版。

助，在她的影响与帮助下，很多农村女性走向新媒体就业的道路。中华女子学院网络与专业教师围绕主责主业出版了《直播营销话术》《短视频与直播电商》系列教材，后者更获得了北京市优秀教材称号。

数字经济时代，以“短视频＋直播”为媒介手段，培养一批乡村文化旅游推广、文明乡风倡导、新媒体就业创业的一体化的女性人才队伍，引导女性全面参与社会治理，为促进乡村振兴发展和妇女创业就业贡献巾帼力量。

第六章
新媒体活动运营

新媒体活动运营在当今数字化社会中扮演着至关重要的角色，其核心作用在于实现信息的高效传播、增强用户参与度，从而达到宣传目标。

第一节 新媒体活动概况

新媒体活动运营指在新媒体平台上进行的各种营销和推广活动。随着技术的发展和用户习惯的变化，新媒体活动运营也在不断进化。以下是对新媒体活动运营前沿与能力要求的概括性信息。

一、新媒体活动的定义和特点

新媒体活动是指在数字平台和社交媒体渠道上进行的各种宣传、推广和互动活动。这些活动利用互联网、移动设备、社交网络以及其他数字化工具和技术，旨在与目标受众建立联系、传递信息、增强品牌知名度或实现其他市场营销目标。与传统的线下活动相比，新媒体活动具有更高的互动性和可度量性，能够实时收集和分析用户的反馈和数据。

新媒体活动的特点之一是高度的互动性，鼓励用户参与，如通过评论、分享或投票等方式与品牌进行互动。这种实时性的沟通方式不仅允许品牌及时发布和更新信息，还使其能够迅速响应市场变化和用户反馈。此外，新媒体活动的另一个显著特点是可度量性。品牌可以利用各种分析工具实时跟踪和评估活动的效果，从访问量到点击率，再到转化率，每一个数据都为品牌提供了宝贵的市场洞察。与此同时，新媒体活动的目标导向性也不容忽视。品牌可以根据用户的在线行为、兴趣和需求进行精准的信息推送，确保信息能够传递给最相关的受众。最后，相较于传统的线下活动，新媒体活动往往具有更高的成本效益，为品牌带来更高的投资回报率。这些特点共同确保了新媒体活动在现代市场营销中的核心地位，为品牌与用户之间建立了一座更为紧密、有效的沟通桥梁。

二、新媒体活动的主要类型

新媒体活动可以分为以下几种类型。

一是宣传活动，如品牌发布会、新品发布、大型广告活动等。这类活动的目的是提高品牌知名度和形象。例如，华为每年都会在社交媒体上进行新品发布活动，通过直播、视频和图文等形式，向全球的用户展示其最新的手机、笔记本和其他产品。

二是推广活动，如优惠促销、折扣活动、限时购买等。这类活动的目的是促进销售和吸引新的客户。例如，阿里巴巴的“双十一”购物节，是中国最大的线上购物活动。每年的 11 月 11 日前后，阿里巴巴的各个平台都会提供大量的优惠和折扣，吸引数亿的用户参与。

三是互动活动，如线上问答、直播互动、用户投票等。这类活动的目的是增强与用户的互动和沟通。

四是销售活动，如秒杀活动、团购活动等。这类活动的目的是直接推动销售和增加收入。例如，可口可乐在其官方微博上进行的“Share a Coke（分享一瓶可乐）”活动。用户可以通过微博发送特定的话题和标签，与其他用户分享和交流自己的故事和经历。

总的来说，新媒体活动是品牌和企业与其目标受众建立联系、提高品牌知名度、推动销售的重要手段。通过对新媒体活动的定义、类型和案例分析，我们可以更深入地了解其特点和价值，从而更好地进行策划和运营。

三、新媒体活动的发展趋势

随着互联网和移动技术的快速发展，新媒体已经成为人们日常生活和工作中不可或缺的一部分。在这个背景下，新媒体活动应运而生，成为全球范围内的一种重要的营销和传播手段。

新媒体活动具有广泛的覆盖面，不受地域和时间的限制，可以覆盖全球的用户。无论是在北美、欧洲、亚洲还是非洲，新媒体活动都可以迅速传播和扩散，吸引数百万甚至数亿的用户参与。首先，新媒体活动具有高度的互动性。用户可以通过评论、点赞、分享和投票等方式，与活动方和其他用户进行互动、交流。其次，新媒体活动具有快速的传播速度。通过社交媒体、直播平台和移动应用等渠道，新媒体活动可以在短时间内达到数百万甚至数亿的用户。最后，新媒体活动具有多样化的形式和内容。从线上发布会到虚拟现实体验，从音乐节到时尚秀，新媒体活动为品牌和企业提供了丰富和多样的选择。

面对新媒体活动的快速发展和广泛应用，品牌和企业需要不断地创新和优化，以满足用户的需求和期望。同时，新媒体活动也面临着一系列的挑战，如信息过载、用户分散和隐私泄露等。为了应对这些挑战，品牌和企业需要加强与用户的沟通和互动、提高活动的质量和效果，以及加强数据和技术的应用和研究。

第二节　新媒体活动运营的定义、目标与策略

一、新媒体活动运营的定义

新媒体活动运营，顾名思义，是在新媒体平台上进行的活动运营，包括针对不同性质和目的的活动，进行策划、准备、实施和复盘的全过程管理和优化工作。与传统媒体的活动运营相比，新媒体活动运营具有更广泛的覆盖面、更高的互动性和更快的传播速度。但无论是新媒体还是传统媒体，活动运营的核心都是为了实现某种目的，如提高品牌知名度、增加销售额或吸引新用户。

二、新媒体活动运营的目标

在数字化的新媒体时代，活动运营不仅是策划一个活动，更是通过活动来实现品牌的商业目标。为了确保活动的成功，活动运营人员需要关注一系列 KPI，如活动页面的 PV/UV、浏览转化率、引导成交商品交易总额（GMV）、买家的提升等。在不同的活动运营阶段，具体的目标也有所不同。

活动策划阶段。成功的活动策划始于深入了解目标受众的需求和期望。这意味着在策划活动之前，运营团队需要进行市场调研，了解目标受众的兴趣、习惯和行为。基于这些信息，运营团队可以设计与受众共鸣的活动内容和形式，从而吸引更多的用户参与。例如，对于年轻的受众群体，运营团队可以考虑策划一些与流行文化、音乐或时尚相关的活动，如音乐节、时装秀

或电影首映等。而对于中老年的受众群体，运营团队可以考虑策划一些与健康、家庭或旅游相关的活动，如健康讲座、家庭聚会或集体旅游。

活动评估阶段。为了确保活动的成功，运营团队需要关注一系列的 KPI。高的 PV 和 UV 意味着活动吸引了大量的用户关注和参与。浏览转化率这个指标反映了浏览活动页面的用户中，有多少用户进行了预期的行为，如报名、购买或分享。高的浏览转化率意味着活动内容、形式与受众的需求和期望相匹配。引导成交 GMV 这个指标反映了活动对销售的贡献。高的引导成交 GMV 意味着活动成功地推动了销售，实现了品牌的商业目标。买家的提升率这个指标反映了活动对买家数量的贡献。高的买家提升意味着活动成功地吸引了新的买家，扩大了品牌的客户基础。这些 KPI 可以帮助运营团队了解活动的表现，从而调整策略和方法，提高活动的效果。

持续优化阶段。在活动进行过程中，运营团队需要持续关注 KPI，收集和分析数据，从而调整策略和方法，提高活动的效果。例如，如果活动页面的 PV/UV 低于预期，运营团队可以考虑优化活动页面的设计和内容，提高用户的访问和参与意愿。如果浏览转化率低于预期，运营团队可以考虑优化活动的报名或购买流程，提高用户的转化率。

活动运营是一项系统而复杂的工作，需要运营团队深入了解目标受众的需求和期望，关注一系列 KPI，持续优化策略和方法，从而确保活动的成功，实现品牌的商业目标。

三、新媒体活动运营的策略

1. 全年运营与复盘

新媒体活动运营的步骤分为策划、准备、实施和复盘。一是策划。这是活动运营的第一步，也是最为关键的一步。在这个阶段，运营团队需要明确活动的目标、确定活动的主题和形式，以及制订活动的计划和策略。在新媒体环境下，活动策划时还需要考虑如何利用新媒体的特点，如社交、互动和分享，来增强活动的吸引力和影响力。二是准备。在这个阶段，运营团队需要为活动的实施做好充分的准备。这包括确定活动的时间和地点、准备活动的物资和设备，以及组织活动的团队和人员。在新媒体环境下，准备阶段还需要考虑如何利用新媒体的工具和技术，如直播、虚拟现实技术（VR）和增强现实技术（AR），来增强活动的体验和效果。三是实施。这是活动运营的关键阶段。在这个阶段，运营团队需要确保活动按照计划顺利进行，处理活动中的各种问题和挑战，以及和参与活动的嘉宾、观众进行互动、沟通。在新媒体环境下，活动实施时还需要考虑如何利用新媒体的平台和渠道，如社交媒体、直播平台和移动应用，来扩大活动的覆盖面和影响力。四是复盘。这是活动运营的最后一个阶段，也是非常重要的一个阶段。在这个阶段，运营团队需要对活动进行总结和评估，分析活动的成果和效果，以及总结活动中的经验和教训。在新媒体环境下，复盘还需要考虑如何利用新媒体的数据和分析工具，如大数据和人工智能，来深入了解活动的影响和价值。

全年活动策划是一项复杂而重要的任务。一份成功的全年活动策划文案不仅需要考虑市场趋势和目标受众，还需要对公司或品牌的整体战略有深入的了解。以下是全年活动策划的基本步骤和建议。

全年活动的总体目标可以是提高品牌知名度、增加销售额、扩大用户基础或其他具体的业务目标。对全年活动进行研究与分析时需要了解当前市场的状况、竞争对手的策略和可能的市场机会。分析目标客户的行为、需求和偏好，以确定最有效的活动形式。根据一年中的特定日期、节日、季节性事件或其他机会，为每个月或每个季度设定一个或多个核心活动。例如，考虑到春节、情人节、国庆节等特殊节日，以及季节性的促销如夏季促销、年终清仓等。活动内容与形式可以根据目标受众的偏好，选择合适的活动形式，如线上研讨会、线下活动、促销活动、社交媒体挑战等。为每个活动设计具体的内容、主题和推广策略。确定每个活动的预算和资源需求，如人员、时间、物资等。优先分配资源给预期回报最高的活动。为每个活动设定一个详细的执行计划，并定期跟进进度。根据实际情况进行调整，如推迟、修改或取消某个活动。对每个活动的效果进行评估，如参与人数、销售额、网站流量等。根据评估结果进行总结，为下一年度的活动策划提供参考。在年度内，根据每次活动的反馈和效果，不断调整和优化活动策略。

活动复盘报告是对已完成活动的全面回顾和分析，旨在总结经验、找出问题并提出改进建议，为未来的活动提供参考。活动复盘报告的撰写一般包括引言、活动执行情况、参与人数与互动、数据分析、问题与挑战、经验与教训、未来规划和结语。具体如下。

引言部分简要描述活动的背景、目的与活动概况，概述活动的主要内容、时间、地点等基本信息。活动执行情况部分包括活动流程回顾，按照时间线回顾活动的主要环节和流程。参与人数与互动部分应统计活动的参与人数、互动次数等关键数据，以及列举活动达到的主要成果，如媒体曝光、销售额、新用户增长等主要活动成果。数据分析部分要提供活动的关键数据，如参与人数、点击率、转化率等数据概览，与预期目标或以往同类活动进行对比，分析数据的高低点对比，以及收集并分析用户对活动的反馈和建议等用户反馈。在问题与挑战部分，列举在活动执行过程中遇到的主要问题，对每个问题进行深入分析，找出其根本原因，从问题中挖掘潜在的挑战和机会。经验与教训部分应总结活动中的成功经验和亮点，针对遇到的问题和挑战提出具体的改进建议。未来规划部分主要是下一步计划，基于复盘的结果规划未来的活动策略和方向，并列举实施下一步计划所需的资源和支持。结语部分主要是对参与活动的团队和合作伙伴表示感谢，并对未来的活动表示期待和展望。撰写活动复盘报告时，应保持客观和真实，避免夸大或掩盖事实。同时，报告应具有针对性和操作性，为团队提供明确的指导和建议。

总的来说，新媒体活动运营是一项系统而复杂的工作，需要运营团队具备丰富的经验和专业知识，以及对新媒体环境的深入了解和熟悉。只有这样，才能确保活动的成功，实现品牌和企业的目标。

2. 结合热点策划

新媒体活动策划时，结合当前的热点事件或话题，可以有效地吸引用户的注意力，增加活动的曝光度和参与度。而为了确保活动的成功，策划时不仅需要有吸引人的噱头，还要确保活动能够满足用户的实际利益。

第一步，选择与品牌或产品相关的热点事件或话题。例如，某运动品牌可以选择与大型体育赛事或健身潮流相关的热点进行活动策划。第二步，结合热点，设计有创意和有吸引力的活动玩法。例如，可以设计一个与热点事件相关的线上竞猜游戏，让用户参与并分享，从而增加活动的曝光度和参与度。第三步，确保活动不仅是一个噱头，还要能够提供实际利益给用户。例如，可以提供与热点事件相关的实物奖品、优惠券或积分，激励用户参与活动并完成指定的任务。第四步，利用新媒体的工具和技术，如社交媒体、直播平台和移动应用，来推广活动并与用户互动。例如，可以通过直播平台进行活动的现场直播，吸引用户在线上参与并互动。第五步，考虑与其他品牌或机构合作，共同策划和推广活动。这样，可以互相借助对方的资源和影响力，扩大活动的覆盖面和影响力。

总的来说，结合热点进行新媒体活动策划，需要品牌或企业具备敏锐的市场洞察力、创新的策划能力，以及与用户的沟通和互动能力。只有这样，才能确保活动的成功，实现品牌和企业的目标。

3. 运营杠杆思维

杠杆思维，简而言之，是通过利用有限的资源产生最大的效果。在新媒体活动策划中，意味着找到那些可以放大活动影响的关键要素，从而实现超出预期的效果。

一是关键人效应。关键人，或称关键意见领袖，在新媒体领域具有巨大的影响力。他们通常拥有大量的粉丝或关注者，言论和行为可以迅速影响和引导大量人的观点、行为。因此，将这些关键人纳入活动策划中，可以迅速放大活动的影响和效果。

例如，为了加强与巴基斯坦的友好关系，中国政府策划了一系列的文化交流活动。其中，最为成功的一个活动是邀请巴基斯坦的著名歌手阿迪夫（Atif Aslam）来华进行演出。阿迪夫在巴基斯坦和其他南亚国家都有着巨大的影响力。他的来华演出，不仅吸引了大量的粉丝参与，更是通过新媒体平台迅速传播，引起了广泛的关注和讨论。这一活动不仅成功地推广了中巴友好的形象，更有效地加强了两国人民之间的文化交流和了解。关键人效应不仅指意见领袖个人，还可以指个人品牌的新媒体矩阵，依靠母账号的影响力背书带动子账号，吸引更多、更精准的用户，打造新媒体品牌生态。比如，年糕妈妈是主账户，围绕母婴群体，提供多种产品，她又推出了年糕妈妈育儿生活、年糕营养研究所、陪玩时光、年糕发糕的妈妈等公众号形成矩阵化运营，以增强粉丝的黏性，提升品牌的忠诚度。

二是活动的系列化。活动的系列化意味着将一个单一的活动扩展为一系列相互关联的子活动，这些子活动共同围绕一个中心主题或目标。系列化的活动可以持续吸引用户的关注，形成用户的期待，从而增加用户的参与度和忠诚度。

比如，美国苹果公司的“WWDC（全球开发者大会）”就是一个典型的系列化活动。每年，苹果公司都会举办这个大会，发布新的软硬件产品和技术。尽管每年的内容都有所不同，但“WWDC”已经成为一个品牌，吸引了全球的开发者和媒体的关注。又如，阿里巴巴的“双十一”购物节。从2009年开始，每年的11月11日前后，阿里巴巴都会举办大型的在线购物活动，提供大量的折扣和优惠。经过多年的发展，“双十一”已经成为中国乃至全球的一件购物盛事，吸引了数亿的消费者参与。

三是活动的产品化。活动的产品化指将活动转化为一个可以重复、标准化的“产品”。这意味着活动不是一次性的，而是可以在不同的时间、地点重复进行。产品化的活动可以降低策划和执行的成本，提高活动的效率和效果。

TED演讲就是一个典型的产品化活动。尽管每一次的TED演讲都有不同的主题和演讲者，但其形式和流程都是高度标准化的。这使得TED演讲可以在全球各地重复进行，吸引了大量的观众和演讲者。又如，腾讯的“微信红包”。在每年的春节期间，腾讯都会推出“微信红包”活动，用户可以通过微信发送和接收虚拟的红包。这个活动的形式和规则都是高度标准化的，可以在不同的场合和环境中重复使用。

四是活动的品牌化。活动的品牌化指将活动建立为一个独特的、有辨识度的品牌。品牌化的活动不仅是为传播信息或推广产品，更是为建立和传播品牌的形象和价值。品牌化的活动可以增加用户的认知和提升信任，从而提高活动的影响力和效果。

可口可乐的“Share a Coke（分享一瓶可乐）”活动就是一个典型的品牌化活动。通过在瓶子上印刷消费者的名字，可口可乐成功地与消费者建立了深厚的情感连接，从而增强了品牌的忠诚度和影响力。2023 年是珀莱雅（PROYA）启动以打破性别偏见为主题的女性赋能营销的第 3 年，珀莱雅不仅发布了品牌短片《女帅男兵》，还提出了“性别不是边界线，偏见才是”（IT’S GENDER，NOT BORDER）的活动理念。

总的来说，活动的关键人效应、系列化、产品化和品牌化都是重要的新媒体活动策划策略。通过这些策略，品牌和企业可以更有效地策划和执行活动，从而实现其营销和传播的目标。

第三节　新媒体活动运营的要求与女性向活动

一、新媒体活动运营的职能和岗位要求

1. 新媒体活动运营的职能

新媒体活动运营的核心职能是确保活动在数字平台上的成功执行和优化，涉及从活动策划、内容创意、推广策略到用户互动的全过程管理。运营团队需要确保活动内容与品牌信息一致，同时满足目标受众的兴趣和需求。他们

还要监控活动的执行情况，收集和分析用户数据，以评估活动的效果和投资回报率（ROI）。基于这些数据，运营团队会对活动策略进行持续的调整和优化，确保最大化地实现活动目标。此外，与其他部门，如市场、销售和技术团队的紧密合作也是新媒体活动运营的关键职能，从而确保活动的顺利进行和目标的达成。

2. 新媒体活动运营的岗位要求

对于新媒体活动运营者来说，需要具备一系列的专业技能和素养。首先，他们应该具有深入的市场和用户洞察力，能够准确把握市场趋势和用户需求。其次，强大的内容策划和创意思维能力也是必不可少的，以确保活动内容的吸引力和创新性。再者，数据分析能力在新媒体活动运营中尤为关键，因为只有通过对数据的深入分析，运营者才能对活动进行有效的优化。与此同时，出色的项目管理和团队协作能力也是岗位要求之一，以确保活动的顺利进行和多部门之间的有效沟通。最后，熟悉新媒体技术和工具，如社交媒体管理、广告投放和数据分析工具，也是新媒体活动运营者所必需的。

二、女性向活动的特点与运营

1. 新媒体女性向活动的特点

女性向活动运营在当代市场中展现出了独特的特点和风格，这些特点与女性的需求、兴趣和行为特点相契合。首先，情感与体验是其核心。例如，花西子与轻颜相机 App，组织了一场线上滤镜“同心锁妆”的活动，主张用户通过App进行口红试色。App的滤镜名取自花西子同名产品“同心锁口红”，这款口红将东方雕刻工艺与同心锁浪漫寓意融合，取同心之意，寓同心之愿，展示了品牌的精美设计，吸引了女性用户的关注和参与。此外，互动与参与是关键，巴黎欧莱雅的“因为你值得”社交媒体活动鼓励女性上传自己的照片，分享自己的故事，与其他女性互动和交流。而实用性与功能性则是其基础，玉兰油的护肤讲座为女性提供了关于皮肤保养和护肤的专业建议和技巧。

最后，社会责任感是其导向，《ELLE》杂志的“女性影响力”活动就表彰了在各个领域作出杰出贡献的女性，鼓励女性关心社会、参与公益。品牌和企业需要深入了解这些特点，才能更有效地吸引和满足女性用户的需求。

2. 新媒体女性向活动的运营

女性向活动运营针对的是女性用户群体，因此在策划和执行过程中需要特别考虑女性的需求、兴趣和行为特点。新媒体女性向活动在设计和执行时，通常更加注重情感交流，旨在通过故事性的内容触动女性用户的内心，引发深度的情感共鸣。这些活动对细节和用户体验有着极高的要求，每一个设计都必须细致入微、人性化，以满足女性用户对品质的追求。同时，考虑到女性在社交媒体上的高活跃度，活动往往融入了丰富的社交和分享元素，鼓励用户之间的交流和互动。在视觉和内容上，新媒体女性向活动追求高水准的审美表现，旨在满足女性用户的审美喜好。

除此之外，教育和成长也是这些活动的核心元素，通过知识分享和技能培训，满足女性用户对自我提升的渴望。在运营过程中，保障用户数据的安全和维护与女性用户之间的信任关系是至关重要的。最后，鉴于女性群体的多样性，这些活动在内容和形式上都展现出高度的多元性和包容性，确保每一位女性用户都能在其中找到自己的位置。

第七章
新媒体运营的衍生模块

新媒体平台运营关注内容分发与受众建立连接；社群运营侧重构建和维护品牌与用户的深度关系；店铺运营着眼于在线销售环境下的产品展示和用户购买行为优化；而短视频直播运营则结合视听体验，实时推广商品或内容。这四者共同助力品牌和机构在数字时代实现有效沟通、粉丝维护、效果转化和内容推广。

第一节　平台运营

平台运营指在特定的在线平台上，通过对内容、用户、产品、活动等方面的策划、管理和优化，提升平台的用户活跃度、增强用户黏性、促进用户增长，并达到商业目标。它涉及对平台生态的维护、对用户行为的洞察、对数据的分析以及策略的制订与执行，旨在为用户提供持续、高质量的服务，同时为企业创造价值。

一、微信的平台运营

微信的用户基础庞大且多样，活动运营需要围绕用户需求进行，确保活动内容与用户兴趣和需求相匹配。微信的核心功能是社交，因此平台运营需要充分利用微信的社交属性，鼓励用户参与和分享。同时，微信集成了多种功能，如微信支付、小程序、公众号等，活动运营可以跨平台进行，为用户提供“一站式”的体验。

1. 微信公众号运营

公众号是微信的主要内容平台，包括图片、文字、音频、视频等形式，采用创作、采集、编辑等手段生产内容来满足用户，达到吸引并留住用户，实现商业转化的目的。运营者可以通过发布文章、举办互动活动、提供优惠券等方式吸引用户关注和参与。比如，星巴克通过其微信公众号举办了“星巴克星享卡”活动，用户可以通过参与互动游戏获得星巴克的优惠券和积分。

一是公众号定位。微信公众号的定位是用户运营的基石。一个明确、独特的定位可以帮助品牌或机构在众多的公众号中脱颖而出，吸引目标用户的关注。定位不仅是选择一个主题或领域，更重要的是确定公众号的价值主张、风格和声音。这需要深入了解品牌或机构的核心价值，以及如何与用户的需求和兴趣相匹配。

二是找到目标人群。确定了公众号的定位后，接下来的关键是找到并了解目标人群。这包括了解他们的兴趣、需求、消费习惯和行为模式。有了这些信息，品牌或机构可以更精确地制订内容策略，确保内容与目标人群的需求和兴趣相匹配。此外，了解目标人群的行为模式也可以帮助品牌或机构选择合适的推广渠道和方法，有效地吸引用户关注。

三是将信息传递给用户。有了明确的定位和对目标人群的深入了解后，最后一步是将信息有效地传递给用户。这不只是发布内容，更重要的是如何与用户建立深度的互动和连接。这需要公众号提供有价值、有趣和与用户相关的内容，同时也需要利用微信的各种功能，如推送、互动、小程序等，为用户提供更加丰富和便捷的体验。只有当用户真正感受到公众号的价值和关心，他们才会成为忠实的粉丝和传播者。

为了确保用户不仅关注公众号，还长期保持活跃，内容的持续优化是关键。这意味着应不断地为用户提供有价值、有趣和与他们相关的内容。通过数据分析，可以了解哪些内容受到用户的欢迎，哪些内容效果不佳，据此调整内容策略。此外，也可以通过用户调查和反馈，直接了解用户的需求和建议，确保内容始终与用户的兴趣和需求相匹配。

2. 微信的活动运营

常见的微信活动运营有三种类型，包括二维码活动，现场签到、有奖投稿或评选活动，订阅、转发有奖活动。

二维码活动是用户通过扫描二维码来参与的一种活动。这种活动形式简单易行，能够迅速吸引用户的注意力，并引导他们进行某种行为，如关注公众号、下载应用、参与互动等。二维码活动的优点是操作简单、成本低，能够迅速吸引用户关注。缺点是如果没有足够吸引人的内容或奖励，可能难以持续吸引用户。比如，许多品牌在其产品包装或广告上添加二维码，引导用户扫描并关注其公众号，以获得优惠券或其他奖励。

现场签到、有奖投稿或评选活动通常在某个特定的场合或时间进行，如品牌发布会、音乐节、展览等。用户需要在现场签到或提交自己的作品，参与评选或投票，以获得奖励。优点是能够吸引用户的深度参与，增强品牌与用户的互动。缺点是成本较高，需要有足够的吸引力和奖励来吸引用户参与。比如某音乐节邀请用户提交自己的音乐作品，经过公众投票和专家评选，获胜者将有机会在音乐节上表演。

订阅、转发有奖活动鼓励用户订阅某个公众号，转发某条信息或邀请好友参与，以获得奖励。优点是能够迅速扩大品牌的影响力，增加用户基础。缺点是如果奖励不够吸引人，可能难以吸引用户参与。比如，某电商平台推出新用户注册活动，邀请用户转发链接并邀请好友注册，每成功邀请一位好友，用户和好友都可以获得购物优惠券。

总的来说，这三种活动运营类型都有其独特的优点和缺点，运营者需要根据品牌目标和用户需求选择合适的活动形式。同时，运营者也需要不断创新和优化，确保活动的效果和用户的满意度。

3. 微信小程序的运营

微信小程序是一种轻应用平台，嵌入微信平台内，为用户提供了一个无须下载、安装即可使用的应用环境。由于微信的庞大用户群，小程序也因此受到了众多开发者和品牌的青睐，品牌或机构利用小程序提供各种便捷的服务和功能，满足用户的日常需求。

首先，微信小程序提供了一个便捷的购物环境。它利用微信这一广泛使用的社交平台，允许用户在不需要下载额外应用程序的情况下进行购物。这种模式通过整合传统电商的全流程功能——商品浏览、搜索、加入购物车、下单支付以及物流跟踪——提供了一种既便捷又高效的购物体验。其便利性主要体现在用户无须安装多个应用，直接在微信内部即可访问小程序，这不仅简化了操作过程，还因微信庞大的用户基础，极大地增加了潜在客户群。

其次，微信小程序因其轻量级设计，不占用过大的手机存储空间，同时保持了类似原生应用的操作体验。它还通过微信支付简化了支付流程，省去了绑定银行卡的烦琐步骤，使得结账过程快速便捷，提升了用户的购物体验。

再者，微信小程序还为用户提供了众多的生活服务。比如滴滴出行的小程序，用户可以直接在其中叫车、支付费用，整个过程非常简单方便。除此之外，还有预订餐厅、买电影票、生活缴费、查公交、借书等各种实用的生活服务小程序，极大地方便了用户的日常生活。

最后，微信小程序还拥有强大的社交属性。一些小程序，如腾讯的“跳一跳”游戏，允许用户邀请微信好友一同玩耍，并在游戏内进行互动，这也成为微信小程序的一大特色。

总的来说，微信小程序以其轻量、便捷、多功能的特点，为用户提供了一种全新的应用体验。无论是购物、出行，还是娱乐、社交，用户都可以在微信小程序中找到所需的功能和服务。而对于品牌和开发者来说，微信小程序也提供了一个与用户直接互动、推广产品和服务的新渠道。

二、其他国际新媒体平台运营

1. 俄罗斯的新媒体平台

俄罗斯的数字文化和在线生态系统与西方的主流有所不同，这主要得益于其本土化的新媒体平台。其中，最具代表性的当数 VK 和 Yandex。

VK，全称 VKontakte，可以说是俄罗斯的 Facebook。它不仅是一个社交网络，而且为人们提供了大量的娱乐内容，如音乐、视频和游戏。与西方的社交媒体平台不同的是，VK 更注重用户之间的社交互动和共享内容，使其成为一个真正的社交平台。为了吸引和保留用户，VK 经常更新其功能和界面设计，使其始终保持新鲜感。此外，它还为品牌和广告商提供了一个与广大俄罗斯用户互动的宝贵机会，通过定制的广告和推广活动，使其更加精准地触达目标受众。

而 Yandex，可以看作是俄罗斯的 Google，是该国最大的搜索引擎。但它不仅是一个搜索引擎，还提供了一系列的在线服务，如地图、邮箱、音乐、新闻和云存储等。其强大的本地化策略使得在俄罗斯市场上具有竞争优势。例如，其搜索算法更偏向于俄罗斯本地的内容，为用户提供更相关的搜索结果。此外，Yandex 的广告系统也为商家提供了一个有效的平台，帮助其实现更高的转化率和 ROI。

俄罗斯的本土新媒体平台通过深入了解当地文化和用户需求，以及不断创新和完善服务，成功地在竞争激烈的市场中取得了领先地位。对于想要在俄罗斯市场上取得成功的企业来说，了解并有效利用这些平台无疑是关键。

2. 东南亚国家的新媒体平台

东南亚，尤其是泰国和马来西亚，由于其年轻的互联网用户人群和移动互联网的普及，已经成为新媒体平台的热土。多样化的文化背景和经济结构使这些国家在新媒体运营上拥有独特的策略和经验。

以泰国为例，其社交媒体使用率非常高，其中Line是最受欢迎的通信应用程序。它不仅是一个即时通信工具，而且已经转型为一个多功能的平台，提供了支付、新闻、购物和娱乐等服务。Line Man，一个在泰国推出的配送服务，为用户提供了食物、杂货和文件的送货上门服务，快速成为都市居民生活的一部分。其成功的秘诀在于深入了解当地市场的需求，并为其提供便捷的服务。

马来西亚的新媒体平台运营也有其独特性。由于国家的多元文化和宗教背景，内容创作和市场营销需要考虑到多种文化和宗教因素。例如，虾皮(Shopee)，一个在东南亚非常受欢迎的电商平台，就非常注重文化元素在其营销策略中的运用。在马来西亚，Shopee会在大型的宗教或文化节日，如开斋节或中国新年，推出特定的促销活动和主题营销，与当地用户建立深厚的情感连接。

总的来说，东南亚国家在新媒体平台运营上的成功经验很大程度上源于其对本地文化和用户需求的深入了解，以及对新技术和策略的灵活运用。对于希望在这些市场取得成功的企业，这些经验无疑具有非常高的参考价值。

第二节　社群运营

社群运营是一种策略和方法，旨在构建、维护和激活一个具有共同兴趣或目标的用户群体。它关注提供价值、促进成员之间的互动和建立紧密的社区文化。在数字化时代，社群运营通常在社交媒体平台、论坛或其他在线社区进行，涉及内容创作、活动策划、成员管理和问题解决。成功的社群运营不仅能够增强品牌忠诚度和口碑，还能深化用户与品牌之间的关系，提供宝贵的用户反馈，从而为品牌带来长期的益处。

一、社群的构成

1. 同好

在社群运营中，同好是社群存在的基础。它指的是社群成员之间共同的兴趣、目标或价值观。这种共同性为社群提供了凝聚力，使成员愿意加入并积极参与。当社群成员有共同的兴趣或目标时，他们更容易产生互动、分享经验和建立深厚的关系。因此，明确并强调社群的核心价值和目标是吸引、保留成员的关键。

以妈妈群为例，妈妈群的核心是其成员之间的共同身份——母亲。归属感是妈妈群的核心价值之一。作为母亲，成员们面临着相似的挑战和经验。无论是面对孩子的教育问题、健康疑虑，还是日常育儿的琐事，妈妈们都能在群里找到共鸣和支持。这种共同性使得妈妈群成为一个理想的平台，供成员分享经验、求助和提供帮助。

在妈妈群中，仪式感是一种强化群体文化和增强群体凝聚力的重要手段。例如，群内可能会有定期的分享会、每月的优秀妈妈评选、季度的线下聚会等。这些仪式不仅为妈妈们提供了一个展示和学习的平台，还强化了群内的文化和价值观。特定的日期，如母亲节、儿童节等，也可能会有特殊的活动或分享，增强群内的仪式感。

妈妈群鼓励每位成员积极参与和分享。无论是提问、分享经验、回答问题还是参与活动，每位妈妈都是群内的重要组成部分。群主和管理员可能会定期发布互动话题、组织问答环节或鼓励成员分享自己的故事，确保每位成员都有参与感。

组织感在妈妈群中体现为清晰的群规、角色和职责。群主和管理员负责维护群的秩序、处理争议，以及组织活动。而普通成员则有责任遵守群规、积极参与和为群内的和谐氛围作出贡献。此外，群内可能还有一些专家或有经验的妈妈，负责提供专业建议和资源。这种清晰的组织结构确保了社群的有效运作和持续发展。

2. 结构

结构是社群的组织和管理方式。一个有效的结构可以确保社群的正常运作，促进成员之间的互动和合作。这包括社群的规则、角色、职责和决策机制。通过明确的结构，社群成员可以知道如何参与、如何贡献以及如何与其他成员互动。此外，结构也为社群提供了稳定性和持续性，确保其长期发展。

以妈妈群为例，妈妈群的结构通常比较简单和直接。群主或几位核心成员负责管理群的日常运作，制定群规，以及处理可能出现的争议。此外，为了确保群的活跃度和积极氛围，群主或管理员可能会定期组织线上线下的活动，如分享会、问答环节或亲子活动。

社群成员有多元化的角色，包括创建者、管理者、参与者等。社群，作为一个特定的交流和互动平台，会聚了各种不同背景和兴趣的成员。这些成员在社群中扮演着不同的角色，每个角色都有其独特的功能和价值，共同维护和推动社群的发展。

首先，创建者是社群的灵魂和领导者。他们是社群的创始人，负责设定社群的宗旨、目标和方向。创建者通常对社群的主题或领域有深入的了解和热情，他们希望通过创建社群，会聚志同道合的人，共同探讨、学习和成长。创建者不仅要确保社群的持续发展和影响力，还要处理各种挑战和问题，确保社群的和谐和稳定。

其次，管理者是社群的核心成员和支柱。他们是创建者的助手，负责协助创建者管理和维护社群。管理者通常是社群内的资深成员，对社群的规则和文化有深入的了解。他们负责审核新成员、处理争议、组织活动等，确保社群的有序和高效运转。管理者是社群的桥梁和纽带，他们与成员保持紧密的联系，了解成员的需求和反馈，为社群带来活力和创新。

最后，参与者是社群的基石和动力。他们是社群的普通成员，来自各种不同的背景和领域。参与者加入社群，是因为他们对社群的主题或领域有兴趣，希望通过社群与其他成员交流、分享、学习。参与者是社群的活跃力量，他们参与讨论、分享经验、组织活动等，为社群带来丰富的内容和价值。参与者也是社群的传播者和推广者，他们将社群的信息和价值传递给更多的人，扩大社群的影响力和知名度。

总之，社群成员的多元化角色确保了社群的多样性和活力。每个角色都有其独特的功能和价值，共同维护和推动社群的发展。只有明确和尊重每个角色的功能和价值，社群才能实现其宗旨和目标，成为一个真正有影响力和价值的平台。

社群规则包括入群规则（比如归属地+序号、自我介绍模板）、交流规则（比如群公约、群利益）、分享规则（比如打开发现、轮换分享等）、淘汰规则（比如人员定额、积分淘汰等）。社群作为一个特定的交流和互动平台，其运营和管理需要一套明确、具体的规则来确保其和谐、有序和高效。以下是针对上述提到的四个方面，为社群制定的规则。具体而言有以下几种。

入群规则。当一个成员希望加入社群时，他首先需要满足一定的入群条件。例如，为了确保群成员的真实性和活跃度，可以要求成员提供归属地和一个唯一的序号。此外，新成员在入群后需要按照一个固定的模板进行自我介绍，这不仅可以帮助其他成员了解新成员的背景和兴趣，还可以增强群内的交流和互动。这种自我介绍模板包括姓名、职业、兴趣爱好、加入群的目的等内容。

交流规则。为了确保群内的交流和谐、有序，需要制定一系列的交流规则。一方面，可以制定一个群公约，明确社群的宗旨、目标、管理方式等，确保所有成员都明白并遵守。另一方面，为了保护群的利益和确保成员的权益，可以制定一些群利益规则，如禁止发布广告、推销信息，禁止传播不实、误导信息等。

分享规则。分享是社群的核心活动之一，为了确保分享的质量和效果，需要制定一系列的分享规则。一来，可以鼓励成员打开发现功能，分享自己的经验、知识、资源等，为群增添活力和价值。二来，为了确保分享的公平性和多样性，可以制定一个轮换分享制度，每个成员轮流分享，确保每个成员都有机会分享和学习。

淘汰规则。为了确保社群的活跃度和质量，需要制定一系列的淘汰规则。

可以设定一个人员定额，确保社群的规模适中，便于管理和交流。同时，为了鼓励成员的活跃度和参与度，可以制定一个积分淘汰制度，根据成员的发言、分享、参与活动等行为给予积分，低于一定积分的成员将被淘汰。

社群的运营和管理需要一套明确、具体的规则来确保其和谐、有序和高效。这些规则不仅可以帮助群主和管理员更好地管理社群，还可以为成员提供一个安全、舒适的交流环境。

3. 运营

运营指社群的日常管理和维护活动，包括内容创作、活动策划、成员管理、互动推动等。有效的运营可以确保社群的活跃度、增强成员的参与度和满意度。此外，运营也需要不断创新和优化，以应对外部环境的变化和满足成员的新需求。

以妈妈群为例，妈妈群的运营主要依赖于创建者和管理者。他们负责维护社群的秩序、组织活动，以及鼓励成员参与和分享。为了确保社群的活跃度，他们可能会定期发布有趣的话题、组织问答环节或分享有价值的资源。此外，他们还需要处理可能出现的争议，确保社群的和谐氛围。

社群的种子成员是社群初创阶段的核心成员，他们对社群的成长和发展起到关键作用。从 0 到 1 聚拢种子成员是每个社群都必须面对的挑战。以下是一些常见的获得社群种子成员的渠道。

一是个人网络。社群的创建者和早期参与者可以首先从自己的个人网络开始，邀请自己的朋友、同事、合作伙伴等加入社群。这些人通常与创建者有一定的信任和关系基础，更容易成为社群的种子成员。

二是线下活动。参加或组织与社群主题相关的线下活动，如讲座、研讨会、工作坊等，是一个有效获得种子成员的方式。在这些活动中，可以直接与潜在的种子成员交流、互动，邀请他们加入社群。

三是合作伙伴。与同社群主题相关的组织、机构、企业等建立合作关系，通过他们的网络和资源获得种子成员。例如，一个关于编程的社群，可以与编程培训机构、技术社区等合作，邀请他们的成员或学员加入社群。

四是社交媒体和论坛。在与社群主题相关的社交媒体平台和论坛上发布信息、参与讨论，是一个有效获得种子成员的方式。例如，可以在微博、微信、知乎等平台发布与社群主题相关的内容，吸引潜在的种子成员的关注。

五是推荐和口碑。鼓励社群的早期成员推荐新的种子成员，通过口碑效应获得更多的种子成员。可以为推荐新成员的人提供一些奖励或优惠，激励他们积极推荐。

六是内容营销。创建与社群主题相关的高质量内容，如文章、视频、播客等，吸引潜在的种子成员的关注。内容可以发布在自己的微博、公众号、哔哩哔哩（B 站）等平台账号，通过内容的价值和影响力吸引种子成员。

七是广告和推广。在与社群主题相关的平台或媒体投放广告，吸引潜在的种子成员的关注。例如，可以在与社群主题相关的网站、App、公众号等投放广告，推广社群。

总之，获得社群种子成员需要多渠道、多策略的努力。只有确保种子成员的质量和活跃度，社群才能快速成长和发展。

比如，知识星球就是一个知识分享和交流的社群平台。在初创阶段，知识星球的创始人首先邀请了自己的朋友和合作伙伴加入，并鼓励他们邀请更多的人。同时，他们在微博、微信、知乎等社交媒体平台发布与知识分享相关的内容，吸引了大量的种子成员。

得到是一个知识付费的平台。在初创阶段，得到的创始人罗振宇利用自己的个人品牌和影响力，邀请了大量的粉丝和关注者加入。同时，他们组织了一系列的线下活动，如讲座、研讨会、工作坊等，吸引了更多的种子成员。

在中国，有一些女性创业社群是通过微信群组织的。在初创阶段，这些社群的创始人首先邀请了自己的朋友和合作伙伴加入，并鼓励她们邀请更多的人。同时，她们在社交媒体平台发布与女性创业相关的内容，吸引了大量的种子成员。

4. 输出

输出是社群为成员提供的价值和收益，可以是知识、资源、机会或其他形式的支持。通过持续的输出，社群可以吸引和保留成员，增强其凝聚力和影响力。重要的是，输出需要与社群的目标和成员的需求相匹配，确保其真正为成员带来价值。

比如，妈妈群的输出主要是成员之间的互动和分享，包括育儿经验、教育资源、健康建议、亲子活动信息等。此外，群里的一些专家或资深妈妈可能会提供更专业的建议和资源，如儿童营养、教育方法等。这些输出为成员提供了巨大的价值，帮助她们更好地履行母亲的角色。在妈妈群中，输出的活动是多种多样的，旨在为群内的妈妈们提供更多的价值和支持。以下是一些可能的输出活动。

一是训练营。这是一个持续多天的在线培训项目，旨在帮助妈妈们在某一领域（如育儿、健康、教育等）获得深入的知识和技能。每天都会有专家或资深妈妈分享相关的内容、技巧和经验。参与者需要完成一系列的任务和挑战，确保她们真正掌握了所学的内容。

二是微博打卡合作。为了增加群内的活跃度和参与感，妈妈群可能会与微博合作，组织打卡活动。参与者需要在微博上发布相关的内容，并使用特定的话题或标签。这不仅可以帮助妈妈们养成良好的习惯，还可以增加社群的曝光度和影响力。

三是线下聚会和活动。除了在线活动，妈妈群也可能会组织线下的聚会和活动，如亲子游、健康讲座、手工课程等。这为妈妈们提供了一个面对面交流和互动的机会，增强了群内的凝聚力和归属感。

四是合作活动。妈妈群可能会与其他品牌或组织合作，为成员提供更多的资源和支持。例如，与某个儿童品牌合作，组织试用活动；与某个教育机构合作，提供专业的培训和课程。

五是专家问答环节。群内可能会定期邀请专家或资深妈妈，为成员提供问答环节。这为妈妈们提供了一个直接向专家提问和获得答案的机会，增加了社群的专业性和权威性。

以上只是妈妈群可能的输出活动。实际上，随着微信和其他社交平台的发展，妈妈群的输出活动也会不断创新和发展，为成员提供更多的价值和支持。

5. 复制

复制是社群扩展和发展的策略。当一个社群成功运营并积累了一定的经验和资源时，它可以复制自身模式和策略，创建新的社群或扩展到新的领域。通过复制，社群可以扩大其影响力、吸引更多的成员和资源。同时，复制也为社群提供了学习和创新的机会，确保其持续发展和创新。

比如，随着妈妈群的成功和影响力的增长，创建者、管理者或其他核心成员可能会考虑复制其模式，创建更多的妈妈群或扩展到其他领域。例如，一个针对学龄前儿童的妈妈群可能会创建一个针对小学生或中学生的妈妈群，或者一个妈妈群可能会与其他品牌或组织合作，提供更多的资源和支持给成员。这种复制为妈妈群提供了更多的发展机会和影响力。

评估与选择。在考虑复制妈妈群之前，首先需要评估现有社群的成功和影响力。哪些策略和方法是有效的？哪些需要改进？

扩展与创新。复制妈妈群不是简单地复制现有的模式和内容，可以考虑扩展到其他领域或目标人群，如针对爸爸的社群、针对特定年龄段儿童的社群等。此外，还可以尝试新的策略和方法，如与其他品牌或组织合作、提供更多的资源和支持等。

培训与指导。为了确保新的妈妈群的成功，需要为创建者和管理者提供培训和指导。分享现有社群的经验和教训，提供策略和方法的建议，以及如何处理可能出现的问题和挑战。

持续优化。复制妈妈群是一个持续的过程，需要不断地优化和调整。根据群内的反馈和数据，调整内容、策略和方法，确保社群的持续发展和影响力。

女性创业社群在近年来已经成为一个热门的领域，很多机构和个人都在这方面做了很多有意义的工作。以下是一些真实的女性创业社群案例。

励媖中国（Lean In China）是一个女性个人和职业发展互助平台。它旨在鼓励女性追求自己的事业和领导梦想，核心是“Sisters（女性互助），Mentors（导师文化），Leaders（女性领导力）”。社群通过线上线下活动、工作坊、培训等方式，为女性提供学习、交流和成长的平台。此外，Lean In China 还与多家企业和机构合作，为女性提供更多的资源和机会。

天下女人研究院（Her Village Academy）由资深媒体人杨澜发起，是一个针对具有高潜力的女性领导者的继续教育机构。它提供了大量与女性创业和职业发展相关的课程、讲座和工作坊。此外，还组织了一系列的线下活动，如峰会、沙龙等，为女性提供交流和互助的机会，吸引那些致力于终身学习的女性。创始人杨澜一直在倡导女性赋权和性别平等，她与来自学术界、商界、政府和慈善机构的意见领袖合作；成功组织了国际女性论坛，以促进国际交流，并为中国女性在世界上发声。

女创会，即深圳市女性创业促进会，由一群关心女性创业的人共同发起。女创会是一个专为女性创业者设计的社会组织。它通过线上线下活动、工作坊、培训等方式，为女性创业者提供相关平台。此外，女创会还与多家投资机构和企业合作，为女性创业者提供资金、资源和指导。

Techstars 女性创业者周，由全球知名的美国创业孵化公司 TechStars（科技之星）发起。Techstars 女性创业者周是一个全球性的活动，旨在鼓励和支持女性创业者。在这个活动中，女性创业者可以参加各种工作坊、讲座和比赛，与来自全球的创业者、投资人和导师交流和互助。

二、社群的活跃方法

1. 社群分享

社群分享指在社群内部进行的知识、经验、资源或其他信息的分享。为了确保分享的效果和质量，通常需要经过一系列的环节和步骤。以下是社群分享的常见环节与步骤。

第一步，确定分享主题。调查与了解社群成员的需求，确定他们关心的话题。选择与社群核心价值和方向相关的主题。时事、热门事件或者行业最新动态也是不错的分享主题来源。

第二步，选择分享者。选择具有相关知识和经验的社群成员或外部专家作为分享者。评估分享者的表达能力、知识深度和与社群的匹配度。

第三步，制订分享计划。确定分享的日期、时间和方式（如直播、音频、图文等）。准备相关的技术和物料，如直播工具、PPT 模板、分享大纲等。

第四步，宣传与预告。提前在社群内部进行宣传，提醒成员关注分享活动。利用海报、短视频等方式进行吸引人的预告。

第五步，进行分享。保持分享的内容结构清晰，确保内容的深度、广度与社群成员的需求匹配。与成员互动，回答他们的问题，确保分享的效果。

第六步，反馈与总结。收集社群成员对于分享的反馈和建议，以供下次改进。对分享内容进行总结和整理，形成文档或录音，供成员回顾和学习。

第七步，持续跟进。在分享后，根据主题设定相关的任务或挑战，鼓励成员将所学付诸实践。定期开展与分享相关的后续活动，如问答、讨论、案例分享等，确保知识的深入和持续。

第八步，激励与奖励。对于积极参与分享的成员，可以给予一些形式的激励和奖励，如积分、礼品、优惠券等。鼓励更多的社群成员分享自己的经验和知识。

综上所述，社群分享不是简单地“说一说”，而是需要经过一系列的环节和步骤，确保分享的质量和效果，为社群带来真正的价值。

2. 社群讨论

社群讨论是一个针对特定主题或问题的讨论活动，它能够促进社群成员之间的交流与互动，增强社群的凝聚力和活跃度。下面是社群讨论的环节与步骤。

第一步，确定讨论主题。在一个健康的社群环境中，选择一个能够引起广泛关注和参与的主题是至关重要的。此主题应当与社群的核心价值和目标紧密相关，同时考虑社群成员的兴趣和需求。例如，在一个健身社群中，成员可以选择“如何保持长期的锻炼习惯”作为讨论的主题。

第二步，预设话题引导。即便确定了一个引人入胜的主题，讨论可能仍然需要一个启动时机。预设一些问题或观点，能够为讨论提供方向，避免话题偏离主题或成为杂乱无章的对话。例如，围绕上述的健身主题，可以问：“大家觉得什么是保持长期锻炼的最大障碍？”

第三步，制订讨论规则。为了确保讨论的秩序和效果，需要明确一些基本的参与规则，比如避免人身攻击、保持言之有物、避免过多的推销等。这样可以确保讨论在一个健康、积极和有益的环境中进行。

第四步，鼓励广泛参与。社群的管理者和关键人应该在讨论中积极参与，引导话题，鼓励其他成员发表意见。他们可以通过提问、分享自己的经验或者回应其他成员的观点来促进讨论的深入。

第五步，总结与归纳。当讨论达到某个阶段或结束时，有必要对其中的主要观点和结论进行总结和归纳，这不仅可以为未参与的成员提供参考，也可以为未来的讨论提供启示和基础。

第六步，后续跟进。讨论并不是一次性的活动，往往需要持续地跟进。社群管理者可以根据讨论的结果设定相关的任务、活动或更深入的研究主题，使社群的互动和交流得到持续的推动。

通过上述的环节和步骤，社群讨论不仅可以为成员提供一个交流和分享的平台，还可以增强社群的凝聚力，推动社群的持续发展。

3. 社群激励和奖励

社群激励和奖励是一个核心的策略，用于刺激社群的活跃度、增强用户的参与感和忠诚度。下面是针对社群激励和奖励的详细说明。

首先，明确奖励的目标。在设计社群的激励机制之前，需要明确奖励的目标是为了鼓励用户的日常互动，还是为了刺激某种特定的行为。明确的目标将有助于设计更具针对性的激励策略。

其次，选择激励类型。社群激励的形式有很多，包括但不限于虚拟徽章、积分、实物奖品、独家资源或经验等。例如，为积极回答问题的成员提供专属徽章，或者给予在讨论中提供高质量内容的成员额外的积分。

再次，建立清晰的激励规则。为了确保社群成员对激励有一个明确的期望，需要制定清晰、公正且容易理解的激励规则。这些规则应当清楚地说明如何获得奖励、奖励的价值以及如何兑换奖励。社群成员应当能够轻松地追踪自己的奖励进度、积分或其他相关的状态。这不仅增加了他们的参与感，还能够刺激他们为了获得更多的奖励而更加积极地参与社群活动。

然后，定期评估和调整。社群的激励策略不应是一成不变的。为了确保激励机制始终符合社群的发展和成员的需求，需要定期评估奖励的效果并进行相应的调整。

最后，公正公开的奖励机制。确保所有的奖励都是基于公正和透明的标准。任何对奖励的疑虑或不满都应当得到及时和公正的处理。这可以增强社群成员的信任和满意度。

社群的激励和奖励机制是一个复杂而细致的过程，需要结合社群的特性和目标进行设计。当正确地实施时，它可以极大地增强社群的活跃度和凝聚力，使社群更加健康和繁荣。

4. 社群打卡

社群打卡是一种高效的方式，旨在鼓励社群成员坚持某一行为、习惯或目标。这不仅增强了参与感，还能够建立起成员之间的互助和鼓励氛围。以下是围绕社群打卡的环节步骤。

第一步，定义打卡目标。打卡活动首先需要有一个明确和具体的目标。这个目标可以是学习、锻炼、阅读或任何其他可以量化和跟踪的活动。确保目标既具有挑战性，又是可达成的，这样可以保持成员的兴趣和动力。

第二步，设计打卡模板。设计一个简单、易于填写的打卡模板。模板应该可以方便地记录每天的进度，包括日期、完成的任务或活动，以及任何与之相关的备注或感想。模板的设计应当简洁，使成员能够快速、轻松地完成打卡。

第三步，建立打卡机制。设定一个固定的打卡时间，例如每天早上或晚上，这样可以帮助成员养成规律。此外，还可以设置一些小的奖励机制，如连续打卡达到一定天数后可以获得某些奖励，以此鼓励成员持续参与。

第四步，鼓励互动与分享。除了简单地记录进度，鼓励成员分享他们的经验、难点或收获。这可以促进社群内的互动和交流，使成员间产生更强的连接和支持感。

第五步，监控与反馈。定期检查和总结打卡活动的进展。对那些坚持打卡的成员给予正面的反馈和鼓励，同时对于那些中断打卡的成员，可以私下了解其原因，并提供必要的支持和鼓励，以助其重新参与。

第六步，优化与迭代。在打卡活动进行中，可能会遇到一些问题或挑战。根据成员的反馈和参与情况，不断优化打卡机制和规则，使其更加贴合成员的需求和喜好。

总之，社群打卡是一个非常有效的工具，可以促进成员的参与、交流和互助。通过明确的目标、合理的机制和持续的优化，可以使打卡活动更加有趣、有意义，进而提高社群的凝聚力和活跃度。

5. 线上线下互动

社群运营中的线上与线下互动是社群活力的两大来源，它们共同构建了一种完整的社群体验。以下是围绕社群线上线下互动环节的详细说明。

一是线上互动活动。线上环节是现代社群运营的核心，它确保了社群成员不受地域限制，随时随地都可以参与到社群中。线上互动的方式多种多样，包括但不限于直播分享、在线问答、专题讨论、线上课程、虚拟小组活动等。这些互动活动让社群成员可以在任何时间、任何地点参与进来，形成一个持续、高效的社群动力。例如，很多知名的行业社群都会定期举办线上直播分享，邀请行业内部的大咖来分享他们的经验和见解，为社群成员带来价值。

二是线下实体活动。虽然线上活动提供了便利和效率，但线下的实体聚会仍然是不可或缺的。线下活动提供了一个面对面交流的机会，帮助加深社群成员之间的关系和信任。常见的线下活动包括聚餐、工作坊、讲座、体验活动等。例如，某个摄影爱好者社群可能会组织线下的摄影行程，带领社群成员进行实地拍摄，并在活动后组织分享会，让大家交流拍摄技巧和经验。

三是线上线下融合。线上与线下并不是孤立的，而是应当相互融合、相辅相成。例如，一个线下的实体活动可以通过线上直播的方式，让无法到场的社群成员也能参与进来。反之，一个线上的讨论活动也可以延伸到线下，组织实体的讨论会或工作坊。这种线上线下融合的方式，确保了社群活动的最大覆盖，同时也提高了社群的活跃度和参与度。

四是跨地域互动。随着互联网的发展，社群不再受地域的限制。可以通过线上的方式，组织不同地域、不同文化背景的社群成员进行互动。例如，一些国际性的社群可能会组织线上的国际交流活动，让来自不同国家的成员分享他们的文化和经验。

五是资源与内容分享。无论是线上还是线下，内容和资源都是社群互动的核心。社群管理者应当定期分享有价值的内容和资源，鼓励社群成员之间的互动和交流，可以是行业报告、技术文章、工具推荐、经验分享等。例如，某个编程社群可能会定期分享最新的编程工具和技巧，鼓励成员之间进行技术交流和学习。

总之，线上和线下是社群互动的两大支柱，它们共同构建了一个完整的社群体验。有效的社群运营需要充分利用这两个环节，确保社群的活跃度和参与度。

三、社群的变现模式

微信社群已经成为中国社交媒体的核心组成部分，为个人和企业提供了一个独特的、高度互动的沟通平台。微信社群的变现模式多种多样，以下是一些常见的变现模式及其相关描述。

1. 会员订阅与 VIP 制度

在微信社群中，运营者可以设置会员订阅制度或 VIP 特权，为会员提供专属的信息、优惠或其他独家资源。这样，运营者既可以收取会员费或 VIP 费，也可以提高社群的活跃度和黏性。这种模式要求运营者持续为会员提供高价值内容，确保他们获得所承诺的特权和服务。

2. 直接销售与拼团活动

微信社群为直接销售产品或服务提供了方便的平台，运营者可以在上面直接发布产品信息，引导社群成员购买。此外，拼团购买也是一种常见的销售模式，通过社群的集体购买力获取更低的商品价格，从而吸引更多成员参与。

3. 知识付费与在线课程

微信社群中的专家和行业领袖可以提供付费的在线课程、讲座或咨询服务。他们可以通过社群宣传，收取参与费或咨询费。这种模式尤其适合有专业知识和经验的个人或机构。

4. 广告与品牌赞助

对于拥有大量活跃成员的微信社群，品牌和商家可能愿意支付费用，在社群中进行广告或赞助。这为社群带来了稳定的收入来源，但运营者需要确保广告内容与社群主题相符，避免打扰社群成员。

5. 线下活动与聚会

微信社群也可以组织线下的活动或聚会，如研讨会、工作坊或团建活动，并收取参与费。这种活动既能增强社群的凝聚力，也能为运营者带来额外的收入。

6. 联盟与推荐奖励

社群运营者可以与其他品牌或服务提供者合作，为社群成员推荐相关产品或服务，并从中获得推荐奖励或分成。这种模式要求运营者与可靠的合作伙伴建立合作关系，确保为社群成员提供高质量的推荐。

第三节 短视频直播运营

一、短视频运营

短视频在现代数字营销领域已经成为一种不可忽视的力量，特别是在移动设备的应用中。短视频是一种新兴的媒体形式，它指的是在各种平台上发布的时长较短、内容高度精练的视频。与传统的长视频或电影一类相比，短视频的时长通常在几秒到几分钟之间。在移动互联网和社交媒体的推动下，短视频逐渐成为主流的内容形式之一。

短视频的主要特点有以下几个。

1. 简短的时长。短视频的时长通常不超过几分钟，甚至有些只有几秒钟。这使得它们易于消费和分享，尤其适合移动互联网时代的观众。

2. 高度精练的内容。由于时长限制，短视频内容通常非常集中和精练，每一秒都充分利用，确保信息或娱乐价值的最大化。

3. 易于分享。短视频的格式和大小使其非常适合在社交媒体上分享。这一特点使得短视频容易在互联网上迅速传播，获得大量观众。

4. 互动性强，许多短视频平台都有强大的社交功能，如评论、点赞和转发，这使得短视频内容更具互动性和社交性。

5. 创作门槛低。与传统视频制作相比，短视频制作通常不需要复杂的设备和长时间的后期制作。这使得更多的普通用户可以参与到短视频的创作中来。

6. 多样化的内容形式。短视频涵盖了各种类型的内容，从教育、科技、新闻到娱乐、搞笑、日常生活分享等，满足了观众的各种需求。

中国短视频领域发展迅速，涌现出了许多有影响力的平台。其中，抖音、微视、快手、小红书、B 站五个平台各自具有显著的特色和定位。

抖音是由字节跳动公司孵化的短视频平台，凭借其强大的内容推荐算法迅速崭露头角。它吸引了大量的年轻用户，并形成了独特的互联网文化和潮流。从街舞到美食，从手工艺到日常分享，抖音上涌现出了无数的创意内容和网红现象。其背后的智能推荐系统能精准地将内容推送给可能对其感兴趣的用户，形成了一个活跃、互动性强的社区。

微视是腾讯推出的短视频平台，试图结合 QQ 和微信的庞大用户基础来打造短视频市场。与抖音相比，微视更加偏向社交属性，鼓励用户之间的互动和分享。同时，它也吸引了许多已经在腾讯生态中的明星和大 V 入驻，形成了一个与抖音略有不同的内容生态。

快手作为短视频的先行者，一度是短视频领域的领军平台。与抖音相比，快手更加接地气，更多地突出了普通人的日常生活和真实情感。它不仅拥有一线城市里的年轻用户，还吸引了大量的农村和三、四线城市的用户。快手的标志性内容包括日常分享、才艺展示以及各种草根创意。

小红书最初是一个购物分享社区，后来逐渐转型为短视频和图文混合的内容平台。它的主要受众是都市女性，内容多涉及化妆、时尚、旅游和生活方式等领域。在小红书上，用户不仅可以看到各种产品的真实使用体验，还能直接购买，形成了一个完整的内容到电商的闭环。

B 站最初以“弹幕”视频著称，是一个二次元文化聚集地。但随着平台的不断发展，B 站逐渐吸引了更广泛的用户群体，内容也从动画、游戏扩展到科普、教育、生活等多个领域。B 站的核心用户群是追求高质量内容的中高端用户，平台鼓励原创和深度内容，从而形成了一个知识与娱乐相结合的独特生态。

在全球范围内，短视频的制作和分享已经成为一种主流的社交活动。在欧美市场，短视频的发展主要集中在已经成熟的社交媒体平台。例如，Instagram 的 Reels 功能、YouTube 的 Shorts 功能，以及新兴的 Snapchat

Spotlight，都是这一市场的主要代表。其中，Instagram Reels 和 YouTube Shorts 受益于各自平台的巨大用户基础，迅速获得了广大用户的欢迎。另外，TikTok 在欧美的成功也引发了对短视频市场的广泛关注。

亚洲是短视频发展最为迅猛的地区，特别是在中国、印度和东南亚国家。TikTok（在中国称为抖音）无疑是亚洲乃至全球最成功的短视频应用。此外，印度有本地短视频应用如 Moj、Chingari 等。东南亚国家，如印度尼西亚、菲律宾等也有各自的短视频平台。

共建“一带一路”倡议下，很多与中国有紧密经济和文化联系的国家都涌现出了各自的短视频平台。在中东地区，Viu 和 Clip 是两个受欢迎的短视频应用。在非洲，由于智能手机的普及和移动互联网的发展，Boomplay 和 Vskit 等短视频平台也逐渐崭露头角。而在中亚和东欧地区，TikTok 和本地应用如 Likee 均有所发展。

总的来说，短视频已经成为全球数字内容产业的一部分，无论是在发达国家还是发展中国家，它都表现出了强大的生命力和广阔的市场前景。

1. 前期定位

找到短视频垂直领域的用户。通过短视频的用户静态数据（年龄、性别、职业等基本属性）和动态数据（点赞、收藏、评论、转发等行为数据）找到用户画像。

通过数据软件进行竞品分析。短视频竞品分析旨在深入解析市场上的竞争对手，为产品或服务的策略制订提供有针对性的方向。首先，需要明确哪些产品属于竞品，这通常基于产品功能、目标用户和市场定位来确定。接着，详细探索竞品的所有功能和特性，并与自家产品进行比较，从而洞察竞品的优势和劣势。为了深入理解用户与产品的互动，不妨亲自体验竞品，关注其用户体验的流畅性和交互设计。同时，观察分析竞品内容的种类、质量和发布策略，以及与用户的互动情况。真实的用户评价，如应用商店的评论、社交媒体的反馈，也是一个宝贵的信息来源。另外，对于竞品的市场数据，如下载量、活跃用户数、留存率等，都应进行收集和对比。此外，研究竞品的营销和推广策略、合作伙伴和广告投放途径，能够揭示其市场推广的效果与手段。最后，进行 SWOT 分析（态势分析），总结竞品的强项、弱项、机会和威胁，从宏观角度洞察整体竞争状况，为自身产品策略的制订提供方向。

建立爆款选题数据库，可以通过查找关键词、竞品选题标签、用户评论等方法进行日常的积累。

2. 账号设置

短视频账号的设置不仅是创建一个在线身份的过程，更是品牌塑造、内容策略明确和用户关系建立的起点。

账号名称往往是用户的第一印象，它应该简洁、明确，最好能够反映出账号的核心内容或品牌定位。对于个人创作者，可以使用自己的名字或网名；而对于品牌或机构，则应确保名称与其品牌名称或官方名称一致，以增加识别度。

头像和背景设计应与账号的整体风格和定位保持一致。这不仅能够增强品牌识别度，还可以为观众提供更加统一、专业的视觉体验。简介部分则需要简洁明了地描述账号的主要内容和特点，同时也可以加入一些引人注目的元素，如标签、表情符号或特殊字符。头像可以用真人形象，也可以用短视频账号的名字或者图文标识。

短视频的标题是用户决定是否点击视频的关键之一。为了创设引人注目的标题，关键词的运用至关重要。这些关键词不仅要反映视频的核心内容，还要考虑搜索的优化。在选择关键词时，运营者应研究其目标受众的搜索习惯，尝试寻找与视频内容相关的高搜索量关键词。

在句式上，短视频标题应当简洁、直白，迅速传达视频的核心信息。这里，使用疑问句、祈使句或感叹句可能更容易引起受众的注意和兴趣。至于字数，由于各平台的显示限制不同，通常建议标题在 5 ~ 15 个字，确保在预览中可以完整显示。

标签的设置为视频带来了更高的可搜索性。通过为视频设置相关的标签，可以增加视频在平台内部搜索中的可见性。此外，标签还能帮助平台的推荐系统更准确地为目标受众推荐内容。运营者应选择与视频内容紧密相关的标签，并避免使用无关或误导的标签。

封面设计对于吸引受众点击至关重要。一张引人入胜的封面图可以大大增加视频的点击率。在选择或设计封面时，运营者应确保其可以准确反映视频的主题，并包含有吸引力的元素，如明亮的颜色、关键帧或人物的特写。同时，封面的设计应与视频的风格、内容保持一致，避免误导观众。

3. 细分领域

全球不同国家的短视频垂直细分领域内容受到各种因素的影响，包括文化、经济、政治和社会结构。因此虽然存在一些共同点，但也有明显的差异。

共同点。追求娱乐性，无论在哪个国家，人们都倾向于观看那些能带给他们快乐和放松的内容，所以搞笑、音乐、舞蹈和游戏类的短视频在全球都受欢迎。教育与知识分享，如做菜教程、美妆技巧、学习技巧等内容在各国都有广泛的受众。社交互动，不同的文化背景下，人们都喜欢在短视频平台上与他人互动，分享自己的生活、观点和情感。流行文化与潮流，全球化的影响使得一些流行文化和潮流在多个国家或地区同时流行，例如某些全球热门的挑战或舞蹈。

差异。文化特色展现，不同国家和地区的短视频内容往往各自深深扎根于当地的文化和传统，如印度的宝莱坞舞蹈、日本的和风元素或中东的传统音乐。生活习惯和价值观的差异，例如，东亚国家可能更多地分享与家族、传统节日或美食相关的内容，而西方国家可能更倾向于个人主义和冒险精神的展示。

4. 职业要求

短视频的运营在当今数字时代扮演着至关重要的角色，其背后的团队是这一切成功的关键。内容策划与创意师是心灵手巧的艺术家，他们深入洞察受众的需求，巧妙地将其融入引人入胜的短视频主题和方案中。他们的创意思维和故事叙述技巧，再结合对短视频市场、用户喜好、行业趋势和文化热点的深入了解，使得他们可以策划出真正有影响力的内容。

视频制作与剪辑师则负责将这些创意转化为真实的影像。他们精通各种视频拍摄设备和剪辑软件，不仅对画面节奏、色彩和音效有独到见解，更具备在紧迫的时间下高效完成制作任务的能力。他们的工作确保每一帧、每一秒都完美无瑕，给予观众最佳的观感。

而在视频发布后，数据分析师便开始他们的工作。他们是数字魔术师，持续监测和分析短视频的各种数据，从播放量到用户互动，再到分享次数。他们的数据洞察力为团队提供了宝贵的反馈，帮助优化后续的内容和运营策略。

社交媒体与推广师则是短视频的推广大使。他们负责在各大社交媒体平台上推广短视频，同时与粉丝建立紧密的互动关系，为品牌和内容创造忠实的粉丝基础。他们的工作不仅提高了短视频的曝光率，也维护了一个健康的社区环境，确保用户持续地参与和互动。

总的来说，每个岗位在短视频的运营过程中都扮演着至关重要的角色，他们共同努力，使得短视频在数字时代焕发出独特的光芒。

二、直播运营

直播行业在近年来经历了巨大的爆发和增长，尤其是在电商、教育和娱乐领域。它提供了一个实时互动的平台，为品牌和个人创作者带来了新的机会。直播运营围绕四个核心领域：内容运营、用户运营、活动运营和产品运营。

1. 直播的流程

在数字时代，直播带货已经崭露头角，尤其为乡村振兴注入新的活力。初步涉足直播的乡村振兴项目通常需要明确目标。例如，某村落的目标可能是通过直播平台展示和推广其独特的农产品，同时加深消费者对农村生活和传统文化的了解，进而提高农产品的销售额。

策划与准备阶段至关重要。首先，团队需要选择合适的直播平台，可能是抖音、快手或者其他农产品专用的直播平台。其次，挑选直播主播，可以是当地的农民，也可以是知名的农业专家或者影响力强大的网红。无论选择谁，他们都需要深入了解该村的农产品、文化和历史。最后，确定直播内容，这可能包括展示农产品从种植到收获的整个过程、烹饪示范或与当地居民的互动。

推广与宣传。预先的宣传至关重要，因为这可以确保直播时有大量的观众在线观看。团队可能会设计并发布引人注目的直播预告，详细说明直播的日期、时间以及预期的内容。除此之外，社交媒体、官方网站甚至是合作伙伴也是强有力的推广渠道。

真正的直播环节要确保流畅且与观众高度互动。开播前，所有的设备，如摄像头、麦克风和网络，都需要进行彻底的检查和测试，以确保一切正常。在直播过程中，主播不仅要展示农产品，还要积极与观众互动，回答他们的问题，解释农产品的独特之处，并提供购买链接或扫码购买的机会。团队应专注直播平台或应用本身的功能、用户体验和商业模式。在这个领域，不断的技术创新和迭代更新是关键，例如更高清的视频质量、更低的延迟、更丰富的互动功能等。同时，产品团队还需要探索和尝试新的商业模式，如广告插播、电商直播、付费私密直播等，以确保直播业务的持续盈利和增长。

直播结束后的后期处理也非常关键。直播视频可以被编辑成短视频，发布到各类社交媒体平台上。同时，团队还需要统计和分析直播的数据，包括观众的数量、评论、分享以及实际的销售转化率。

活动的反馈与总结是提高未来直播效果的关键。团队需要分析哪些环节做得好、哪些环节需要改进，并据此制订下一次直播的策略和方案。

2. 直播的话术

直播话术，简而言之，是直播过程中为了达到某种目的而事先设计的语言表达。它是主播与观众互动时使用的预设语言或句子，旨在引导观众的情绪、思考和行为。好的话术不仅能够提高观众的参与度，还能有效地将观众转化为购买者或忠实粉丝。

直播话术在运营中起到了至关重要的作用，它的影响力远超过一般人的预期。

首先，直播环境下的信息传递方式大多数时候是单向的，即主播对大量观众进行信息传递。因此，有效的话术成为连接主播与观众，引导观众行为的关键手段。一个精心设计的话术可以高效地传达信息，减少误解和模糊性。在直播销售中，清晰、简练的话术可以迅速地为观众提供他们想要知道的产品信息，增强购买意愿。例如，描述产品功能时，通过结构化的话术，主播可以确保观众能够快速地理解产品的主要特点和优势。

其次，话术在激发观众情感、创造购买欲望方面也起到了重要作用。通过故事化、情感化的话术，主播能够引起观众的共鸣，建立与他们之间的情感连接。例如，在讲述一个产品的背后故事时，一段感人的创业历程或与产品相关的动人故事往往能够触动观众的心弦，增加他们对产品的信任感和购买欲望。

最后，话术在引导观众行为、增加互动性方面也是不可或缺的。有效的互动话术可以鼓励观众参与到直播中，提出问题、分享意见，从而增加直播的热度和观众的黏性。此外，对于直播中的各种促销活动，如抽奖、限时优惠等，合适的话术也可以更好地引导观众参与，实现运营目标。

总之，直播话术在运营中的作用是多方面的，它不仅是信息传递的工具，更是情感沟通、引导观众的关键手段。在直播运营中，合理、有效的话术策略对于提高转化率、增加销售额都具有十分重要的作用。

直播话术大致可以分为几个主要类型。首先，产品推介话术，这种话术重点介绍产品的特点和优势，目的是激发观众的购买欲望。其次，为了增加观众的参与度和互动，直播中会使用到互动话术，例如提问、投票或游戏环节的引导语。再者，为了建立和观众的信任和亲密感，主播可能会使用故事话术，分享一些个人经历或背后的小故事。最后，当直播接近尾声时，结尾话术可以用来总结重点，鼓励观众采取行动，如购买、分享或留下反馈。

FAB 法则是一种广泛应用于销售和营销领域的方法，特别是在直播环境中。FAB 是 Features（特点）、Advantages（优势）和 Benefits（益处）三个词的缩写。简单来说，这一法则鼓励销售人员首先介绍产品的特点，然后解释这些特点带来的优势，最后阐述消费者因此可以获得的具体益处。在直播中，运用 FAB 法则的话术可以帮助主播更有针对性地展示产品，更有效地说服和吸引观众。例如，当介绍某保湿面霜时，主播可以首先提到其天然成分（特点），接着解释这使得面霜更容易被皮肤吸收（优势），最后强调使用后可以让皮肤保持湿润一整天（益处）。

3. 职业要求

直播的兴起和普及，尤其在移动互联网和社交媒体的推动下，已经形成了一个庞大的生态圈。为了使直播活动达到人们预期的效果和目标，背后需要一个专业、有经验和分工明确的团队进行支撑。以下是直播运营团队的主要构成和相应的能力要求。

主播或主持人是直播的灵魂，通常是观众的首要关注对象。他们不仅需要有出色的表现力、互动能力和即兴应变技巧，更要具备深厚的专业知识或领域内的专长。为了吸引和保持观众的关注，主播需要真实、自然且具有感染力。

直播策划与内容团队负责设计整个直播的框架、主题和内容流程。他们必须深入理解目标受众的需求，具有创新思维并能够持续关注行业和市场趋势，确保直播内容的时效性和吸引力。

技术团队包括音视频技术人员和 IT 支持人员，是确保直播顺利进行的关键。他们需要对直播技术和工具有深入了解，能够快速应对各种技术问题和挑战，并确保音视频的清晰度和流畅性。

推广和市场团队负责在直播开始前和进行中，将其推广到目标受众中，能够使用各种营销工具和渠道。他们需要具备出色的市场分析、用户洞察和广告投放技巧。

后期团队则负责对直播内容进行剪辑和优化，制作成高质量的视频内容，以供后续分享和再次观看。他们需要具备视频剪辑、音频调整和内容优化的技能。

数据与分析团队的作用是收集和分析直播的各种数据，包括观众数量、观看时长、互动频率等，为团队提供有价值的反馈和建议，帮助不断优化直播策略和内容。

总体而言，一个成功的直播运营团队需要跨领域的专家共同合作，每个人都为共同的目标努力，确保直播活动的高效、有趣和具有价值。

第四节　店铺运营

店铺运营集策划、管理和优化于一体，旨在确保商店（无论是实体店铺还是线上店铺）的日常运作顺畅并达到预期的销售和盈利目标。这包括商品管理、库存控制、销售策略、客户服务、市场营销以及数据分析等多个方面。对于线上店铺，运营者需关注流量获取、转化率优化、客户评价管理等。店铺运营的核心是理解客户需求，提供优质的购物体验，同时通过有效的营销策略和运营手段，促进销售增长和品牌建设。

一、商品管理与策略制订

这一环节主要探讨如何选择和管理店铺中的商品。商品的选择、进货、定价、展示和促销都是关键环节，需要根据市场趋势、竞争对手和目标客户群进行策略制订。此外，还要考虑库存管理和商品更新频率，确保店铺始终提供新鲜、有吸引力的商品给客户。

1. 选择与进货

每一个经营化妆品的店铺都面临着一个核心问题：如何选择并购进那些能够满足目标市场需求的产品。例如，对于“美丽化妆品店”，它的目标客户群体主要是追求时尚、注重品质的年轻女性。这意味着店铺必须关注当前流行的美容趋势，从而选择市场上最受欢迎的品牌和产品。为此，店铺采用了一种多方位的策略。比如，店铺经常参加化妆品展览和博览会，与韩国、日本和欧美的供应商建立关系，深入了解他们的新产品和技术；还经常邀请目标客户参与小型的聚会或研讨会，从他们那里获取对新产品的反馈和建议。

2. 定价与展示

定价策略是任何商业活动的核心部分。对于“美丽化妆品店”，它需要考虑多种因素来确定产品的售价，包括产品的成本、竞争对手的定价策略、市场的接受度等。通过仔细研究和分析，店铺制订了一种层次分明的定价策略，以满足不同消费水平的客户。

展示也是提高销售的关键。在店铺内，产品的摆放和展示都经过精心设计，旨在吸引客户的注意力并鼓励他们尝试和购买。例如，店铺会根据季节或特定的促销活动来调整展示布局，确保客户每次进入店内时都能看到新鲜和吸引人的内容。

3. 促销策略

为了进一步促进销售和吸引新客户，店铺还制订了多种促销策略，包括定期的折扣活动、赠品和礼包等。例如，在夏季，店铺可能会推出防晒产品的特价活动；在冬季，则可能会推出滋润产品的组合包。但是，这些策略并不是一成不变的。店铺需要经常根据销售数据和客户反馈来调整和优化促销策略，确保每次活动都能达到预期的效果。

二、营销与客户关系建设

这一步的重点是如何利用不同的营销策略和工具，如促销、广告、社交媒体营销等，来吸引和保留客户。同时，强调建立良好的客户关系，提供优质的客户服务，处理客户投诉和反馈，以及使用忠诚度计划和其他激励手段来增强客户对品牌的忠诚度。

1. 广告与宣传

在数字化时代，社交媒体已成为商家与客户互动的主要平台。对于“美丽化妆品店”，社交媒体不仅提供了一个展示产品和分享品牌故事的机会，还能够使店铺直接与目标客户互动，了解他们的需求和反馈。

例如，店铺经常在新媒体平台上发布新产品的使用效果图、短视频教程和美容小贴士。此外，店铺还可与知名美妆博主合作，让他们试用并推荐店铺的产品。这种合作不仅增加了店铺的曝光度，还提升了品牌的信誉和权威性。

2. 客户服务

优质的客户服务是建立长期客户关系的关键。无论是在实体店铺还是在线上店铺，都应致力于为客户提供最佳的购物体验。在店内，顾客可以免费获得彩妆咨询和试用服务；在线上，则有 24 小时的客服团队，随时解答客户的问题。

但店铺并不应止步于此。为了进一步了解客户的需求和期望，店铺可经常发起在线问卷调查和小型的焦点组讨论。通过这些活动，店铺不仅能够收集大量的宝贵反馈，还能与客户建立更为紧密的关系。

3. 忠诚度计划

为了鼓励客户重复购买并推荐给他人，店铺可推出会员卡制度。满足一定条件（免费或消费一定金额）的客户可以获得会员卡，并享受多种专享优惠和服务。例如，会员可以在非促销期间获得额外的折扣；在会员的生日当月，可以获得特别的礼物或优惠券。这种会员制度不仅提高了客户的购买频率，还使他们更愿意将店铺推荐给朋友和家人。

三、数据分析与优化

收集、解析和利用店铺的运营数据，从而更好地了解客户行为、销售效果、流量来源等关键信息。利用这些数据，商家可以优化商品组合、调整营销策略、改善客户体验，进一步提高店铺的运营效率和盈利能力。

1. 客户行为分析

现代的店铺运营越来越依赖数据。了解客户的购买行为和偏好是提高销售和利润的关键。因此，店铺应经常使用数据分析工具，如 Google Analytics 和 Shopify Insights，分析客户的浏览记录、购买记录和搜索记录。这些数据不仅揭示了哪些产品最受欢迎，还显示了客户的购买路径、访问来源和停留时间等关键信息。基于这些数据，店铺可以调整商品组合、优化网站布局和提高广告的有效性。

2. 销售效果评估

数据分析并不只是关于客户行为。为了确保店铺始终走在正确的路径上，店铺应定期评估销售数据，查看哪些产品、活动或策略最有效。这些信息不仅帮助店铺明确当前的成功之处，还指导了未来的决策和策略制订。

例如，如果某款新产品的销售额远超预期，店铺可能会增加库存，或者推出更多相关的产品。反之，如果某款产品的销售额持续低迷，店铺可能会考虑调整其定价或促销策略，或者完全停止销售。

3. 流量来源研究

最后，为了吸引更多的新客户并保留现有客户，店铺还需要经常研究其网站和社交媒体平台的流量来源。这些数据可以显示客户是如何找到店铺的、哪些广告或推广活动最有效，以及客户在访问店铺前经常访问哪些网站或应用。这些信息为店铺提供了宝贵的洞察，帮助其优化营销策略，增强广告的投放效果，从而最大化 ROI。

PART

3

第三部分

新媒体运营的实践和展望

作为传播学的一部分，新媒体运营不仅是技术与平台的运用，更是对当代社会传播模式的理解和创新。近年来，新媒体已渗透到我们生活的各个角落，从社交网络到智能设备，从内容创造到数据分析。在本部分，我们将深入探讨新媒体运营的现实实践，理解其背后的策略和逻辑，并展望未来可能的发展方向。随着技术的不断进步和用户需求的变化，新媒体运营也将持续进化，为我们带来更多前所未有的机会和挑战。

第八章
女性数字赋能的实践路径

在数字化时代，女性数字赋能不仅关乎技术普及，更深层次地涉及社会平权、教育机会和经济参与。本章将聚焦于女性在数字领域的现状，挖掘那些因技术而得以崭露头角的女性故事，以及她们如何跨越传统障碍，实现自我价值。我们将探索实际的赋能路径，以及如何结合传播学的理念，推动更多女性走向数字领域的前沿。期望通过这一章的探讨，为读者提供一个全面的、实践的视角，进一步加强和深化女性数字赋能的理解与推进。

第一节　女性数字化教育与培训

随着数字化时代的到来，技术与教育的结合为女性提供了前所未有的机会。数字化教育不仅为女性提供了更加灵活的学习方式，还为她们打开了进入技术领域的大门。然而，尽管数字化教育为女性提供了更多的机会，但女性在STEM（科学、技术、工程和数学教育）领域的代表性仍然较低。这不仅是历史和文化的原因，还因为现实中缺乏针对女性的培训和教育资源。

近年来，许多组织和项目致力于提高女性在数字化领域的代表性。例如，中国计算机学会（CCF）在2022年举办了首届全国青少年信息学奥林匹克竞赛（NOI）女生竞赛，旨在鼓励更多的女性参与编程和技术领域。该项目还提供了一系列的在线课程和实地培训，帮助女性掌握编程和技术知识。

随着技术的不断发展，女性数字化教育与培训的需求也将不断增长。为了满足这一需求，教育机构和组织需要提供更多针对女性的培训和资源。同时，社会也需要更加重视女性在数字化领域的作用，鼓励更多的女性参与并发挥她们的潜力。女性数字化教育与培训是推动性别平等和经济发展的关键。只有提供足够的资源和机会，我们才能确保女性在数字化时代发挥出最大潜力。

一、女性数字化教育的重要性

随着全球化和技术的快速发展，数字化教育已经成为现代教育的重要组成部分。对于女性来说，这不仅意味着更多的学习和发展机会，还意味着在职业和社会中获得更大的话语权。然而，尽管数字化为女性提供了更多的机会，但她们在STEM领域的代表性仍然较低。

这种现象背后有多种原因。一方面，历史和文化因素使得女性在科技领域的参与受到限制。另一方面，缺乏针对女性的培训和教育资源也是一个重要原因。但随着社会观念的进步和技术的普及，越来越多的女性开始进入数字化领域，展现出她们的才华和潜力。

数字化教育为女性提供了更加灵活和个性化的学习方式。通过在线课程、远程学习和虚拟实验室，女性可以在家中或工作场所学习，不受时间和地点的限制。这种学习方式特别适合那些需要照顾家庭或有其他职业责任的女性。

此外，数字化教育还为女性提供了与全球同行交流和合作的机会。通过在线讨论、项目合作和远程研讨会，女性可以与具有不同文化和背景的人建立联系，分享知识和经验。

然而，数字化教育也带来了一些挑战。例如，网络安全、技术设备的获取和使用，以及数字鸿沟等问题都可能影响女性的数字化学习。为了解决这些问题，需要政府、教育机构和企业的共同努力。

总的来说，女性数字化教育的重要性不言而喻。

二、女性数字化培训的实践

在全球范围内，许多组织和项目都致力于提高女性在数字化领域的代表性。这些项目不仅为女性提供了技术培训，还帮助她们建立自信，发展职业技能和扩大社交网络。

例如，“女性创业者计划”（Womenpreneur Initiative）是一家总部设在布鲁塞尔的企业孵化器，它确定了中东和北非地区的一些女性主导企业，并帮助她们获得扩大规模的技能。企业孵化器为年轻企业提供融资和技术服务。培训女性创业者使用数字化工具。分析这些培训项目的实际效果，以及参与者的反馈和建议。

这些项目的成功不仅体现在培训的内容和方法上，还体现在它们对女性的长期支持和关心上。通过提供持续的培训和支持，这些项目帮助女性建立自信，发展职业技能，实现职业和生活的平衡。

三、未来展望与建议

随着技术的不断发展，女性数字化教育与培训的需求也在不断增长。为了满足这一需求，教育机构和组织需要提供更多针对女性的培训和资源。加强对女性数字化教育的投资，提供更多的培训机会和资源。这包括提供在线课程、实地培训，以及与业内专家的交流和合作机会；加强对女性数字化教育的宣传和推广，鼓励更多的女性参与数字化领域，可以通过举办公开课、研讨会，以及与企业和组织的合作来实现；加强对女性数字化教育的研究，了解女性在数字化领域的需求和挑战，为她们提供更加个性化和人性化的培训和支持。

第二节　建立女性数字化社群与网络

随着数字技术的普及和社交媒体的崛起，社群与网络构建逐渐成为强大的沟通工具和社会变革的驱动力。本章将重点讨论女性数字化社群与网络的建立与运营。我们将探索如何结合女性的独特视角和需求，利用数字技术打造具有凝聚力和影响力的社群。希望为读者提供一份关于女性数字社群构建的全面指南，旨在促进更多女性在数字空间中找到归属、互助和成长。

一、女性数字化社群的建立与意义

在数字化时代，社群已经成为连接同类人群、分享知识和经验，以及建立职业和社交网络的重要平台。对于女性来说，数字化社群不仅提供了一个学习和交流的空间，还为她们提供了一个互相支持和鼓励的环境。

二、女性数字化网络的建立与运营

数字化网络是一个更加开放和广泛的平台，它连接了来自不同地区、文化和背景的女性。通过数字化网络，女性可以与全球的同行建立联系、分享知识和经验，以及寻找合作机会。

在欧美，许多政府和非政府组织都建立了针对女性的数字化网络，如“欧洲女性技术网络”（European Women in Tech）旨在支持和激励欧洲的女性技术专业人士和领导者。通过会议、研讨会和网络活动，提供一个女性可以学习新技能、分享经验和与人交流的平台，为女性提供了一个与全球同行交流和合作的平台。在共建“一带一路”国家，如尼日利亚，也有类似的女性数字化网络——“尼日利亚女性编程者网络”（Women Who Code Lagos），起初于2011年作为一个社区小组成立，当时一小群技术人员决定改变女性工程师的行业经历。从那时起，它逐渐成长为一个全球性的非营利组织，也是世界上最大、最活跃的社区之一，致力于赋能女性在技术职业中脱颖而出。它一个城市接一个城市地在世界各地传播，覆盖了20多个国家，构建了一个全球网络，全年为WWCode成员提供社区、领导力和精选的在线技术活动。目前可用的轨道包括前端、移动、Python、新兴技术、云计算和数据科学，其在线技术轨道社区持续为成员提供提升技术职业所需的技能和信心。

三、女性数字化社群与网络的未来展望

随着技术的不断发展和社会观念的进步，女性数字化社群与网络的需求和影响力也将不断增长。未来，这些社群与网络不仅将成为女性学习和交流的主要平台，还将成为推动性别平等和经济发展的重要力量。

在中国，政府和企业都看到了女性数字化社群与网络的潜力，纷纷投资建立和支持这些社群与网络。例如，阿里X蚂蚁发布“数字木兰”计划，专为女性企业家打造，该计划旨在5年内覆盖全球5000万女性，通过数字化的手段，提升女性在数字经济领域的参与度和竞争力，为女性提供技术培训和创业支持。在共建“一带一路”国家，如印度尼西亚和越南，政府也开始支持和鼓励女性数字化社群与网络的建立和发展。

总的来说，女性数字化社群与网络已经成为推动性别平等和经济发展的重要力量。

第三节　国际经验

一、联合国教科文组织的经验

联合国教科文组织（UNESCO）长期致力于促进全球范围内的性别平等，特别是在教育、科学、文化和信息传播领域。在数字赋能方面，UNESCO 认识到数字技能对于女性获得更好的教育、就业和社会参与机会至关重要。

在教育与培训方面，UNESCO 通过其多种项目和倡议，通过创新合作（比如“全球女童和妇女教育合作”“更好的生活，更好的未来”）来推动女童和妇女教育；通过使用信息、通信和技术（ICT）的创新手段，鼓励女性参与 STEM 领域的教育和职业。此外，UNESCO 还与各国政府、非政府组织和私营部门合作，提供数字技能培训，帮助女性和女孩提高数字素养。在研究与数据收集方面，UNESCO 定期发布关于女性在数字领域中的地位的报告，提供数据和分析，以指导政策制定和实践。在倡导与合作方面，UNESCO 与全球伙伴合作，包括联合国其他机构、非政府组织、私营部门和学术界，共同推动性别平等和女性的数字赋能。

在实际案例中，UNESCO 与中国政府合作，在中国的多个地区开展了数字技能培训项目，帮助农村地区的女性提高数字素养，从而获得更好的教育和就业机会。此外，共建“一带一路”国家，如肯尼亚、尼泊尔和柬埔寨，也与 UNESCO 合作，开展了类似的项目，旨在提高女性的数字技能和经济机会。

总的来说，UNESCO 在全球范围内都积极推动女性的数字赋能，通过教育、培训、研究和合作，努力确保女性在数字时代获得平等的机会。

二、共建“一带一路”发展中国家经验

共建“一带一路”倡议涵盖了多个国家和地区，其中许多国家已经认识到数字赋能对于女性的重要性，并采取了一系列措施来提高女性的数字素养和技能。以下是一些共建“一带一路”国家在数字赋能女性方面的做法。

肯尼亚政府与多个国际组织合作，为农村和城市地区的女性提供数字技能培训。肯尼亚的多个技术孵化器和加速器特别关注女性创业者，为她们提供资金、培训和导师支持。

巴基斯坦政府设立了专门为女性提供计算机和互联网培训的中心。鉴于社会和文化因素，巴基斯坦推广了远程工作和在线学习，使更多的女性能够接触到数字技术。

柬埔寨的非政府组织和社会企业为女性提供技术教育，鼓励她们进入 STEM 领域。为了增加农村女性的金融包容性，柬埔寨推广了数字金融服务，如移动支付和在线银行。

乌兹别克斯坦开设了专门为女性设计的 IT 学校，提供编程、网页设计和数字营销等课程。乌兹别克斯坦政府资助了多个项目，旨在提高女性的数字技能和就业机会。

这些国家的做法表明，数字赋能女性不仅可以提高女性的经济地位和社会参与度，还可以为整个社会带来积极的变化。

三、启发与建议

在技术和数字领域，女性的参与和贡献是不可忽视的。为了进一步推动女性在这一领域的参与和发展，政府可采取一系列措施。首先，政府注重女性技术教育与培训，通过提供资金支持，鼓励学校和教育机构开设针对女性的技术课程。这不仅有助于女性掌握关键的技术知识和技能，还为她们进入技术领域创造了条件。其次，政府还可为女性技术创业者提供税收减免、贷

款优惠和技术支持，鼓励她们创办技术公司，并为她们提供交流和合作的平台。最后，政府也应鼓励企业招聘女性技术人才，确保她们在职场上得到平等的待遇，并为她们提供职业培训和发展的机会。

为了确保女性在技术和数字领域的权益得到保障，政府还应制定一系列法律法规。性别平等法的确立，可以确保女性在技术领域享有平等的权利和机会，无论是在教育、工作还是在待遇上。同时，政府加强技术知识产权的保护，确保女性技术创业者和工作者的技术成果不受侵犯。此外，技术隐私保护法也应被制定，以确保女性技术用户的个人信息和数据安全。

在这些措施的基础上，政府还可提出一些建议，如加强对女性技术教育的宣传和推广、与各方建立合作机制，以及建立一个跟踪和评估机制，定期评估女性技术教育和培训的效果，并根据评估结果进行调整和完善。这些措施和建议共同为女性在技术和数字领域的发展创造有利条件。

第九章
新媒体运营的未来趋势

第一节　生成式 AI

一、人工智能的概念

人工智能（AI）是一个广泛的概念，涵盖了多个领域和应用，包括机器学习、自然语言处理、计算机视觉、智能代理等。AI 的目标是模拟和实现人类的智能行为和能力，使计算机能够进行复杂的任务和决策，解决现实世界中的问题。

从计算机科学的角度来看，AI 是一种使计算机系统能够模拟和执行人类智能行为的科学，包括学习（从数据中获取信息并使用这些信息来改进自身的性能）、推理（使用规则来达到明确的结论）、问题解决、感知（使用传感器来感知或者理解环境的信息）、语言理解等。AI 是一组涉及思想、技术和方法的集合，旨在使计算机系统能够执行通常需要人类智能才能完成的任务。

目前所称的 AI 多为“窄”或“弱”AI，其实质是一组功能有限的系统。这些系统可能比人类更快、更高效，但实质上属于“机器学习”（ML）或“自然语言处理”（NLP）的范畴。很多所谓的AI过程实际上采用了更多传统技术的方法。这些系统是由人类创造或训练的，虽然某些系统具有高度的响应性和适应性，但通常只能执行相对简单的自动化或数据处理任务。

一是AI系统可以通过学习，从大量的数据中提取模式和知识。它们可以使用机器学习算法来识别数据中的模式，并根据这些模式进行预测和决策。例如，某个语音识别系统可以通过学习大量的语音样本来提高识别准确率，使其能够更好地理解和转录人类的语音。

二是AI系统可以使用规则和逻辑来推理并得出明确的结论。它们可以根据给定的规则和条件进行逻辑推理，从而得出新的信息或结论。例如，某个专家系统可以根据一组预定义的规则和事实来回答用户提出的问题，通过推理得出准确的答案。

三是AI系统可以应用各种算法和技术来解决各种复杂的问题。它们可以使用搜索算法来找到最优解、使用优化算法来优化资源分配，或使用规划算法来规划行动序列。例如，某个旅行路径规划系统可以使用搜索算法来找到最短的路径，以便用户快速到达目的地。

四是AI系统可以利用传感器和感知技术来感知和理解环境中的信息。它们可以使用图像处理算法来识别、理解图像中的对象和场景，或使用传感器数据来获取环境的物理特性。例如，自动驾驶汽车可以使用传感器和计算机视觉技术来感知道路、识别交通标志和其他车辆。

在传播学领域，AI的应用已经深入到各个层面，从新闻制作到媒体消费，从信息传播到观众互动。在这个过程中，我们可以将AI大致分为两类：自动化工具和交互式媒体。

首先，我们来看看自动化工具。这类AI被设计成工具，帮助传播者更有效地完成任务。例如，新闻机器人可以自动生成新闻报道。这种类型的AI可以大大提高新闻生产的效率，同时保证新闻基于用户需求的精准性和即时性。例如，美联社使用自动化工具来生成财经新闻，这使得他们能够在极短的时间内发布大量的公司财报新闻。此外，社交媒体算法也是自动化工具的一种，它可以帮助传播者更有效地传播信息。通过分析用户的行为和喜好，这些算法可以推送相关的内容给用户，从而提高信息的传播效率。

其次，我们来看看交互式媒体。这类AI可以与人类进行交互，提供更丰富的媒体体验。例如，虚拟现实游戏中的AI角色可以与玩家进行交互，提供更真实的游戏体验。这种类型的AI不仅提高了媒体的沉浸感，也为媒体创作者提供了新的创作工具。例如，电影制作人可以使用AI来生成逼真的虚拟角色，或者模拟复杂的物理效果。此外，交互式媒体也可以用于教育和培训。通过模拟真实世界的情境，AI可以提供一个安全的环境让学习者进行实践。

总的来说，无论是作为自动化工具还是交互式媒体，AI都在改变着传播学领域的面貌。然而，这也带来了一系列的挑战，例如数据隐私、信息安全和AI的伦理问题等。因此，我们需要在利用AI的便利的同时，关注这些问题，以确保AI的发展能够真正地服务于人类社会。

二、生成式AI的技术演进

在新闻传播行业中，AI技术具有不同的功能和应用。AI技术可根据功能价值划分成分析式AI和生成式AI。其中，分析式AI主要指能够在海量数据中发现模式，完成诸如垃圾邮件或诈骗邮件识别，以及算法推送短视频等工作。传媒业目前广泛应用的AI技术多数可归类于分析式AI。

人工智能生成内容，又称生成式人工智能（Generative AI），是AI的一个分支或子集，诞生于2014年。它是AI领域中的一个特定类型，关注如何通过模型训练和生成算法来创造新的内容。生成式AI模型可以通过学习大量的数据和模式，生成与训练数据类似但又不完全相同的新数据。这种技术可以应用于多个领域，如自然语言生成、图像生成、音乐合成等。

生成式AI与其他AI技术密切相关，例如，生成式对抗网络（GAN）是一种生成式AI模型，通过生成器和判别器之间的对抗学习来生成逼真的图像。

此外，生成式 AI 还可以与自然语言处理、计算机视觉等技术相结合，实现更复杂和多样化的生成任务。

1. 纵向来看，生成式 AI 是新闻内容生产的高级阶段

互联网内容生产经历了不同时代的演变。在 Web1.0 时代，主要是专业生产内容（PGC）的模式，由传统媒体机构和专业内容创作者提供内容。这种模式注重内容的专业性和品质控制，是传统新闻生产的延续。

进入 Web2.0 时代，用户生成内容（UGC）成为主导。用户通过社交媒体、博客和在线平台分享自己的创作和观点，形成了大规模的用户参与和多样化的信息来源。UGC 模式推动了信息的广泛流动和民众对新闻事件参与度的增加，赋予了个人更大的表达权利。

而现在进入了 Web3.0 时代，生成式 AI 作为内容创造的新引擎，正引起广泛关注。生成式 AI 利用 AI 技术的发展，能够生成原创的文本、图像、音频等内容。根据第三方机构预测，至 2025 年，中国生成式 AI 商业应用规模将达到 2070 亿元[①]。

总之，互联网内容生产经历了从 PGC 到 UGC，再到生成式 AI 的演变。Web1.0 时代以专业生产内容为主，Web2.0 时代迎来了用户生成内容的浪潮，而 Web3.0 时代则以生成式 AI 作为内容创造的新引擎。生成式 AI 释放出了巨大的增长潜力，不仅从产业规模的角度带来巨大的变革，还将对经济发展产生重大的影响。然而，我们也需要认识到在生成式 AI 的发展过程中，需要平衡技术创新和伦理问题，保持人类智慧和判断力的独特价值。

2. 横向来看，在新闻业中，AI 可以应用于多个方面

例如自动化的新闻收集和整理、基于大数据的新闻推荐和个性化内容交付、自然语言处理和机器翻译等。新闻编辑需要具备适应这些新技术的能力，并与 AI 系统进行密切合作，以确保新闻报道的准确性和可信度。

---

① 中关村大数据产业联盟：《中国AI数字商业展望2021-2025》，http://www.zgc-bigdata.org/nd.jsp? id=1487#skeyword=%E4%B8%AD%E5%9B%BDAI%E6%95%B0%E5%AD%97%E5%95%86%E4%B8%9A%E5%B1%95%E6%9C%9B&_np=0_35/。

过去十年中，AI和机器学习的飞速发展，特别是以美国开放人工智能研究中心（OpenAI）的生成型预训练变换模型（ChatGPT）等先进的自然语言处理（NLP）系统为代表的生成式AI生成内容技术，对新闻传播行业产生了深远影响。具体体现在以下几方面。

第一，生成式AI的出现，不仅改变了新闻的生成方式，同时也对新闻的传播模式产生了深刻影响。在这个过程中，传播的主体角色由传统的新闻机构转向了机器和算法，这无疑对我们的传播理论提出了新的挑战。我们需要重新思考诸如公共讨论、社会影响力、传播效果等重要问题。因此，理论探讨不仅必要，而且迫切。

第二，生成式AI的发展也对新闻传播的伦理和责任带来了新的挑战。在新闻传播的实践中，AI的算法是否可以承担新闻生产者的社会责任、生成式AI生成的新闻内容如何进行伦理审查，这些问题对新闻传播的公正性、公信力乃至公共利益具有重大意义，值得我们进行深入探讨。

第三，生成式AI已经对新闻业的商业模式产生了重大影响。新闻的生成式AI生成和定制化传播，对新闻生产、分发、消费乃至整个新闻业的经济模式提出了新的要求。我们将在本章中，结合具体的案例研究，分析这种变革的深远影响。

总之，AI对新闻业的影响不可忽视，为了确保AI能够成为新闻业发展的助力而非阻碍，新闻机构需要重新审视和调整他们的工作流程、组织架构，同时培养编辑和监督人员的新技能，以更好地适应这一新时代的挑战和机遇。

三、生成式AI在中国的进展

中国在生成式AI领域的发展近年来取得了令人瞩目的成果。中国的互联网巨头，如阿里巴巴、腾讯和百度，都设立了专门的AI研究院，积极探索生成式AI在各个领域的应用。例如，腾讯在其社交平台上应用了面部识别和AR技术，使用户可以生成动态的、与真实面部表情相一致的动画表情。此外，阿里巴巴的研究团队也成功开发了利用 GANs 技术为时尚设计师提供设计建议的工具。

中国的科研机构和高等教育机构也在生成式 AI 领域作出了贡献。中国的学者在顶级的 AI 和机器学习会议上发表了大量与生成式 AI 相关的论文，展现了中国在这一领域的研究实力。

更为重要的是，国务院关于印发《新一代人工智能发展规划》的通知中提到，到 2030 年人工智能理论、技术与应用总体达到世界领先水平，成为世界主要人工智能创新中心。众多的技术孵化器和创业加速器也在鼓励创业者和研究者在生成式 AI 领域进行探索。

第二节　生成式 AI 对新媒体运营的变革

一、生成式 AI 与内容创作

随着生成式 AI 技术的发展，如 GPT 等系列模型的推出和迭代，我们见证了 AI 领域的一系列重大突破和变革。这些技术的进步不仅拓宽了自然语言处理（NLP）的边界，还在多个领域内展现了广泛的应用潜力，包括但不限于内容创作、对话系统、知识提取、语言翻译、教育、游戏开发，以及法律和医疗咨询等。新媒体运营已经能够借助生成式 AI 技术自动生成内容，包括文本、图像和视频。这种技术可以协助内容创作者制作更丰富、定制化的内容，提高发布频率并降低生产成本。同时，AI 还可以根据用户偏好和行为数据自动优化内容。

在内容运营中，生成式 AI 提供了一种全新的方式来创建、编辑和分发内容。它可以自动为企业生成与其品牌、产品和目标受众相关的内容。例如，美国 OpenAI 的 GPT-3 模式就已经在写作、翻译、编程等多个领域展现出了出色的性能。对于内容创作者来说，这意味着可以利用 AI 工具快速生成草稿，再对其进行人工优化和调整。这样不仅提高了效率，还能确保内容的质量和一致性。

《华盛顿邮报》有一个自动化写作系统，名叫 Heliograf，可以自动生成简短的报道。Heliograf 的首次应用是在里约热内卢奥运会期间为人们提供奖牌等信息。

二、生成式 AI 与用户运营

生成式 AI 可以为新媒体运营提供高度个性化的用户体验。基于用户历史数据和偏好，AI 可以生成特定的响应或推荐，从而与用户进行深层次的互动。例如，智能聊天机器人可以提供全天候的客户服务，而个性化推荐系统可以确保用户始终接触到对他们最有价值的内容。

用户运营的核心是理解和影响用户的行为。生成式 AI 可以帮助企业更深入地了解其受众，提供更为精准的用户画像，并为他们提供高度定制的体验。通过分析用户在网站、应用或其他数字平台上的行为数据，AI 可以预测他们的需求和兴趣，然后为他们生成相关的内容或推送通知。

在线流媒体播放平台声田（Spotify）使用 AI 技术为用户提供个性化的音乐推荐。系统会根据用户的听歌历史、搜索记录和其他互动数据，自动生成每日歌单和新歌推荐，确保用户始终能找到符合自身音乐口味的歌曲。

三、生成式 AI 与产品运营

产品运营关注的是如何优化产品，以满足用户的需求并实现商业目标。生成式 AI 可以帮助产品团队在设计、开发和迭代过程中作出更为明智的决策。例如，它可以自动生成用户界面的设计方案，或者模拟用户在不同界面设计下的行为，帮助团队找到最佳的设计方案。

爱彼迎（Airbnb）使用 AI 技术优化了其搜索和推荐算法，系统会分析用户的搜索历史、预订记录和其他互动数据，自动生成最相关的房源推荐。这不仅提高了用户的满意度，还增加了预订率。

四、生成式 AI 与活动运营

活动运营涉及如何设计、推广和评估各种营销活动。生成式 AI 可以帮助企业更为高效地制订活动策略，确定目标受众，并生成最有效的广告和宣传素材。此外，它还可以实时分析活动的效果，帮助团队作出必要的调整，以确保达到预期的 ROI。

可口可乐公司利用 AI 技术自动生成了一系列的广告素材。这些素材基于用户的互动数据和行为分析，确保广告的内容和设计都能引起受众的兴趣和关注。这不仅提高了广告的点击率，还增加了产品的销售额。

第三节　生成式 AI 与性别焦虑

尽管生成式 AI 为新媒体运营带来了诸多机会，但也带来了伦理和实际挑战。内容的真实性和准确性可能会受到质疑，因为机器生成的内容可能缺乏人类的情感和深度。此外，关于数据隐私和安全性的担忧也成为主要关注点，需要人们确保在运营过程中始终尊重用户的隐私权。

社会性别是一种传播学的研究视角，AI 技术使得公众对技术和性别议题的关注、讨论得到了放大，甚至引发了“性别焦虑”。本节对性别议题引发性别焦虑的原因、发生机制以及对策进行分析，探讨 AI 时代如何对性别议题的情绪引导展开研究。

一、AI时代“女性议题”容易滋生“性别焦虑”

在许多社会和文化中，性别角色和期望已经深深植根，这些期望经常在网络上得到放大和强化。网络为人们提供了一个匿名或半匿名的平台，使他们可以自由地表达观点和情感。而社交媒体和其他在线平台上的AI算法可能会加剧这种分歧，因为它们经常将相似的观点和内容推送给用户，当这些议题与性别焦虑相交时，可能会出现新问题。

网络舆论中的女性议题是一个传播学研究的交叉视角，是反映一个社会性别平等进展的标尺。从字面上看，只要是涉及女性、妇女等关键词的议题就是女性议题，其实并非如此。女性议题既包括网络舆论中与女性相关的内容，还包括涉及性别公正、性别平等的所有事件。其中部分女性议题还会被淹没在其他社会议题之下，呈现出歧视性的性别偏向。学术界将媒介中的女性议题大致划分为四类：第一类是女性作为行动者的内容；第二类是传统上被认为由女性承担的相关内容，其实不一定是只有女性才会经历的体验；第三类是由女性主体（如记者）所发布的内容；第四类是从女性立场出发的内容。我们认为女性作为行动者的网络舆论事件并不能界定为女性议题，而应是那些与女性权益密切相关的舆论事件。有一些议题中提到的女性形象是作为没有性别含义的符号出现的，并不会诱发“性别焦虑”，她们的这些行为可以忽略不计。比如，在玄奘寺供奉侵华日军战犯牌位的吴啊萍就是其中的一个例子。她作为事件的女主角，严重伤害了民族感情，造成了恶劣的社会影响。这一舆论事件的主角如果换成男性，舆论的中心内容与立场也不会被改变。本节中提到的涉及性别议题的舆论案例，主要是那些容易引发两性对立滋生“性别焦虑”，并与女性媒介形象、两性社会地位争议相关的网络舆论事件。

“性别焦虑”指在技术，特别是AI背景下，公众对性别角色、性别平等和性别刻板印象产生的担忧和不安。这种焦虑主要源于对AI技术可能加剧性别不平等、强化性别刻板印象和侵犯女性权益的担忧。它体现了公众对于技术如何影响社会中的性别动态的深刻关注。性别议题在网络上形成舆论产生了各种各样的情感，有喜悦的、悲伤的，还有愤怒的，等等。“性别焦虑”只是其中的一种情绪。

根据中国妇女报社发布的《2022年十大女性新闻》[①]中《“唐山烧烤店打人案”多名被告人被判刑 “百日行动”重拳出击保护妇女儿童》一则报道，事件发生在河北唐山一烧烤店内，一名男子酒后搭讪女子不成引发冲突。受害者有罪论在性别议题有关的网络舆论传播中经常见到，这起寻衅滋事事件在网络发酵初期就出现了被殴打女孩是否有错在先的争论——一部分人说女生晚上不要独自出门，另一部分人说这次可是三四个女生；一部分人说女生不要去偏僻的地方，另一部分人说这次可是在灯火通明的烧烤店；一部分人说女生穿着不要暴露，另一部分人说这次可是穿着长裤、T恤衫的女生……究其原因，一是用传统的刻板印象来对舆论中女性角色进行批判，可能引发其心灵上的焦虑与二次伤害；二是背后所引发的更广大群体关于“如果是我的女儿、我的妻子，如果是我”的“性别焦虑”。AI在社交媒体上的应用，如算法驱动的精准内容推荐，可能会加剧或缓解性别焦虑。

二、AI时代“性别焦虑”下的情绪传导机制

情绪传导机制指情绪如何在个体或群体之间传播的过程。AI可以被用来分析和识别用户的情绪，然后根据这些情绪定制内容。这可能会导致情绪的回声室效应，用户不断地被与他们当前情绪相符的内容所包围。不仅如此，在社交媒体和AI的背景下，这种情绪传导可能会加速。社交媒体平台经常通过算法推荐系统放大和传播情绪化的内容。这可能会导致某种情绪，如焦虑或愤怒在用户之间迅速传播，乃至引发群体情绪和传播。

---

① 《2022年十大女性新闻》，《中国妇女报》2023年1月1日第3版。

1. 无中生有：被偏见“捆绑”的性别议题

加拿大政治经济学家伊尼斯的媒介偏向论指出，媒介的物理特性决定了它的传播偏向，而媒介的传播偏向又会催生新的文化。这是由于网民一方面从互联网上获取对性别议题的认知，通过互联网表达他们的意见、思想和情绪制造舆论，另一方面也会对其他人的认知产生新的影响。在AI算法加持下，我们发现网络环境中有关性别议题的负面舆论并没有因此而减少，在网络匿名性、移动性、碎片化的加持下，调侃、贬损、歧视，甚至网络暴力的不同程度的声音出现。部分网民对这些舆论观点的态度也被偏见所“捆绑”，形成了“偶然看到的事实，创造性的想象填补，情不自禁地信以为真”的舆论现状。

2. 情绪感染：AI对焦虑推波助澜

情绪感染反映的是情绪不仅与个体体验相关，还受到其他人情绪影响，表现出与他人情绪相类似的情绪。性别议题产生的舆论传播效果，从认知层面延伸到网民的心理态度层面，具体反映在网络舆论上就是网民对于社会上与之不相符的舆情事件产生的情绪或者感情的变化，并通过情绪感染发挥作用。互联网是“有记忆的”，新媒体平台会根据网民留下的“可见”的行为大数据，例如评论、点赞、网播率等，推送给具有相似兴趣与社交关系的网民，从而增加了群体组织之间彼此“情感传染”的概率。女性的线上的群体组织通常是自发的、无组织的松散集合。群体的匿名性、无组织性为自由表达创造了可能，但也隐藏着被人利用的隐患。

AI技术充分发挥了网络舆情信息的“情绪感染”作用，容易导致性别议题相关的舆情事件传播和升级，引起网民群体产生非理性情绪的负面作用。比如，2023年四川卫健委发布《四川省生育登记服务管理办法》，取消了对登记对象是否结婚的限制条件的消息，引发了网络舆论的热议。有舆情机构就通过自然语言处理和生成式AI技术，对网民讨论方向等做了自动化、可视化、规范化的分析，发现“不结婚也可以生孩子了”相关言论出现及负面情绪变化。此后，四川卫健委回应“生育登记并不是上户口”，进行舆论正面引导。

由此可见，网络新媒体重构了网民的舆论表达方式和情感链接关系。共享的“同情”可以使女性群体构成临时性的舆论共同体，只有正确引导这种被互联网放大与链接的“情感”，才能使女性群体凝聚成一股积极的力量。

3. 情绪异化：女性议题的缺失与异化

网络舆论中还有一类被流量和资本裹挟的自媒体账号，在讨论性别议题时，有的表现出对男性厌恶、蔑视及偏见，如“不生不育保平安”等厌男症（Misandry），抑或表现出对妇女物化、污名化的“厌女症”（Misogyny），其实都是网络舆论中的极端主义倾向。尤其前者经常容易与独立女性形象相混淆，是“伪女性主义”。之所以会产生以上的问题，是由于AI技术的发展使得传统主流媒体的议程设置功能被分散化，在网络舆论空间中出现了一个影响力的真空地带，于是产生了女性媒介话语权的缺失与异化问题。

失踪106天的胡鑫宇案发生之初，有一部分网友是胡妈妈找到儿子的幕后军师，也是陪胡妈妈度过艰难时光的患难战友。然而在胡鑫宇失踪案被官方定性为“自杀”后，这部分网友中的一小撮转而将矛头对准了胡妈妈，并在网络上发表言论声称“胡妈妈不愿意说出她跟儿子最后30分钟的通话内容，说明她刻意隐瞒了什么”“胡妈妈就是负有不可推卸的责任”“她应该向学校、向社会道歉”。这些言论经过网络发酵演变为网暴胡妈妈的工具，进一步扩大了网络舆论事件的负面影响。《人民日报》发表评论员文章呼吁网民：“真相呈现，让理性回归，别让胡鑫宇式悲剧重演。”所以要提防性别议题在网络舆论中被异化的情况发生。

4. 情感茧房：非理性判断与舆情的反转

“真相”让位于“情绪”的问题不仅发生在个体身上，还发生在群体内部，产生了群体不信任，久而久之形成“情感茧房”。“信息茧房”反映的是网民在AI算法影响下接触信息越来越窄，直接把自己桎梏包裹起来。而“情感茧房”更加剧了这种传播效果，最终导致舆情反转的现象频发。舆情反转并不是因为人们缺乏对舆情事件的认知，而是因为网络事件发生伊始，人们被性别焦虑蒙蔽了双眼，在被AI加剧的“情绪茧房”的裹挟下，作出了非理性的判断，导致事实真相浮出水面的时候，常常发生舆情言论前后不一致的结果。

重庆公交坠江事件发生后，部分网民在事故调查结果尚未公布，网上曝出女司机照片的时候，就先入为主地认为一定是女司机违章驾驶的结果，于是发起了对女司机的舆论声讨，“女司机穿着高跟鞋”“疑似女司机逆行导致公交坠江”等话题受到热议，逐渐导致舆论失焦。当事件调查结果出现，证明轿车司机并没有逆行，网络舆论又出现了反转。《人民日报》就此发表了一则微评《欠涉事女司机一个道歉》。某位有 894 万粉丝的军事博主向女司机道歉并郑重承诺，在未来其他事件中，官方结果公布之前，不会随意发表评论。

这起事件的舆论传播过程产生了“羊群效应”，网民受到网络上活跃的大V 等“意见领袖”的影响，接受了类似的观点和情绪。也就是说，网民意见的形成不一定是“理性讨论”的结果，可能是对团队中“强势”意见趋同后的结果。事实上，根据中国司法大数据研究院公布的专题报告，交通肇事案件中，被告人男性占比为94.6%，女性占比为5.4%。[①] 回到这个案例，重庆这位女司机甚至没犯错也被谣言卷进去了，反映的正是网民受到长期对女司机刻板印象的影响，在网络上产生“情绪茧房”的结果。

三、性别焦虑的对策：大模型的训练、干预和赋能

1. 对大模型的训练——数据清洗与平衡

上述偏见主要源于大模型所使用的训练数据。大模型（Large Models），在 AI 和机器学习（ML）领域，特指那些拥有大量参数的深度学习模型。这些模型通过大规模的数据集进行训练，能够捕捉到数据中复杂的模式和关系，因此在各种任务上表现出色，包括但不限于自然语言处理（NLP）、图像

① 罗沙：《交通肇事罪大数据：男司机万人发案率为女司机的8.8倍》，https://www.gov.cn/xinwen/2020-08/06/content_5532866.htm。

识别、语音识别和游戏。由于这些数据通常来源于现实世界，它们可能会反映出社会中存在的刻板印象和偏见。例如，训练数据中频繁地将“护士”与“女性”相关联，而将“工程师”与“男性”相关联，那么模型可能也会学习到这种关联，从而在预测时表现出性别偏见。性别偏见不仅可能导致模型的预测不准确，而且可能加剧社会中已存在的不平等和歧视。研究者和工程师可以采取以下措施。一是数据清洗。在开始训练之前，对数据进行仔细的预处理，确保其不包含或最小化包含性别偏见。二是使用平衡的数据集。确保训练数据中各种性别、种族和文化的代表性，以减少对任何单一群体的偏见。三是模型审查。在模型训练后，进行详细的性能和偏见审查，确保模型的输出不包含不公平的性别偏见。四是用户反馈。用户反馈是改进AI模型的关键。当用户使用AI模型时，他们的经验和观察可以为开发者提供宝贵的信息反馈，帮助开发者了解模型在实际应用中的表现，特别是在处理偏见和公正性问题时。鼓励用户提供关于模型输出的反馈，特别是当他们认为输出存在偏见时，可以帮助开发者识别和纠正潜在的问题，从而提高模型的准确性和公正性。例如，用户在搜索引擎中输入“医生”的关键词检索相关图片时，结果主要显示男性医生的图片。用户可以通过反馈按钮告诉搜索引擎，他们希望看到更多女性医生的图片。搜索引擎可以使用这些反馈来调整其算法，确保在未来的搜索结果中提供更加均衡的性别表示。这就需要确保AI模型的开发团队是多元化的，包括不同性别、种族和文化背景的成员。这样可以帮助团队从多种视角审视问题，从而减少潜在的偏见。

2. 对用户情绪的干预——AI识别与支持

AI可以通过分析面部表情、语音和文本来识别人的情绪。这种技术可以用于帮助那些有性别焦虑的人更好地理解和管理自己的情绪。AI可以帮助研究者更深入地了解性别焦虑的成因，例如通过分析大量的数据找出可能的风险因素。而且一些AI应用程序被设计成可以提供情绪支持，例如通过聊天机器人为用户提供心理健康建议或情绪支持。此前Facebook开始测试一种工具，使用AI来识别可能表现出某种消极情绪的用户。该系统会分析用户的帖子和实时视频，寻找可能表明用户处于危险中的迹象。当系统识别到这些迹象时，它会向用户推荐心理健康资源，并向其好友或当地的急救服务发送警告。然而 Facebook 的广告平台也曾因为允许广告商针对特定的性别、种族和其他人口统计信息进行广告定向被批评，这可能导致某些工作或住房广告不被展示给女性或某些种族群体。尽管 Facebook 已经进行了一些改进，但这仍然是一个争议点。

3. 对话题可见性的赋能——多元包容的舆论环境

"可见"意味着被看见，"不可见"则意味着被隐藏。"传播可见性"(Communication Visibility)，指特定传播可接近、可获取、被他人所感知和注意的过程。媒介化社会中的女性如何被"看见"，即女性的媒体再现(Representation)，是媒介与女性研究的重要话题之一。犹太裔美国政治理论家阿伦特的公共领域理论强调了"自由言说"的前提是互相"看见"，这种"看见"不同于现实空间中的实体物品带来的视觉感受，而是指在公共领域中展现的任何东西都可为人所见、所闻，具有最广泛的公共性。"看见"本身的价值在于它构成了公共生活的意义，是人类获得存在感、确认自身以及这个世界的方式与源泉。每个人都拥有可见性的权利，这种权利包括被看见的权利、以自己的方式被看见的权利、赋予他人可见性的权利。女性群体在网络舆论空间中参与讨论，可以打造网络媒介形象，这时候的互联网媒介中介属性成为增强个人能力的象征来源。网络为性别话题的传播赋能，可以从不同层面出发，而这些在某种意义上可以缓解群体性别焦虑。

网络舆论中的受众不仅是信息的接收者、反馈者，也是舆论的生产者。她们作为权利主体发挥受众能动性，与人们所处的网络媒介环境息息相关。媒介的可供性（Affordance）指的就是主客体间关系属性，包括知觉与行动之间、有机体与环境之间的耦合关系。潘忠党等传播学学者将"可供性"引入我国传播学界，用作"衡量和比较不同'新媒体'的整合概念"。媒体的"可供性"具体包含信息生产、社会交往与移动三大层面，并得出在这三种可供性上水平越高的媒体，往往就是越"新"的媒体的判断。数字交流的能动性是一种“内生性”的赋能模式，具有参与式赋能和互动赋能的双重特征。

（1）信息生产的可供性：女性以自我方式定义消解性别焦虑

赋能本质上是一个传播的过程，并且这个过程不是单向的，而是不断改变女性意识与行动的螺旋式前进的。女性参与网络信息生产是表达自身获取的事实信息的过程，是展现自我认知判断的过程，更是“增加可见性，获得更多机会、公平和权力”的过程。可见在互联网时代，互联网赋能已经从“为弱者的传播”转变为“弱者的传播”。女性以自我方式定义舆论信息内容，也会引发一系列新的性别议题。比如，河南女孩“芃芃”（原名招弟）主动要求改名的事情在网络上引起了广泛的讨论，这些“封建落后思想”与男女平等观念显得格格不入。背负着“招娣”“盼娣“来娣”等这些名字的女生们看到后也纷纷站了出来，表达出了也要把自己的名字改正过来的决心和行动。可见，性别议题的舆论传播尽管始于个体行为，以自我方式定义舆论生产与传播走向，但由于提升了性别话题的“能见度”，进而产生了破圈效应，在更广泛的人群中传播，最终形成了社会公共讨论，渐渐形成一股群体力量。例如，美国的堕胎法案引发全世界关于女性生育权的讨论、“MeToo”运动引发的女性职场权益的讨论等。

（2）社交媒体的可供性：赋予他人可见性权利消解性别焦虑

社交媒体上性别议题的传播还呈现出了交互式的特点。女性在表达自我观点的同时，通过新媒体使用过程中的“一键三连”“弹幕评论”等操作行为，客观上也给予了其他人展演的机会，丰富了舆论要素，促进了性别议题的多元化表达。比如，女性账号在微信上的“关注的可见性”，是女性与他人建立联系的开始，分享、转发、点赞是女性主体性得到社会认同的过程。女性个体与网络新媒体平台上其他用户的互动，还受到平台“算法可见性”、平台的热点算法（Trending Algorithm）规则的影响。比如，评论的权重大于点赞，一些关注度较高的性别议题会被优先推送等。也就是说，平台的“热搜”“热榜”等新媒体产品，体现的正是网民产生最大化交互行为的规则，正是性别议题在新媒体平台上更容易突然爆发的原因之一。有时候甚至发生“服务器改变舆论”的结果，因此赋予他人可见性的权利，就是要与周边环境形成一种互动关系，进而发展成舆论观点的网络共同体。

（3）虚拟社群的可供性：构建网络情感共同体消解性别焦虑

以往的女性群体组织主要是以线下实体的组织方式存在，在凝聚女性群体力量方面一直发挥着不可替代的作用。随着网络新媒体技术的发展，身处不同地理位置的女性也可以围绕共同感兴趣的话题，随时进行线上组织动员。这种灵活多样的再组织方式，在一定程度上扩大了女性群体组织的边界。面对一个与性别议题相关的舆情事件时，用户可以快速利用计算机的网络技术实现跨时空的交流，并通过共同的性别身份、类似的人生经历形成“姐妹情谊”的交流范式。因此，这种流动的数字社区组织，抑或临时形成的舆论“情感共同体”，成为如今网络传播中重要的凝聚女性群体的积极力量。例如，家暴话题。传统意义上的舆论天然具有公共性的特征，这与私人性属性的信息是有所区别的。网络空间中信息传播的渗透性、便捷性与互动性，打破了二者之间的界限，使得个体的私人事件与公共事件在网络舆论场中相互融合、相互转化。这种舆论的公私边界被打破的现象在以往传统媒介技术时代是难以想象的。

女性遭遇家暴时，过去可能会受到“家暴是家务事”，属于私人领域范畴，“家丑不可外扬”的封建思想影响，她们以及周边的家人朋友缺乏公之于众的“勇气”。随着人工智能技术的发展，这一情况有了显著的改变。人工智能技术为家暴受害者提供了一个新的、更为私密和安全的途径来寻求帮助。例如，通过智能聊天机器人，受害者可以匿名地获取法律咨询、心理支持或者紧急救援信息。这种方式不仅保护了受害者的隐私，也为她们提供了一个避免直接面对攻击者的机会，从而降低了进一步受害的风险。此外，人工智能技术还可以通过分析社交媒体、通信记录或其他数字足迹，识别潜在的家暴风险。这种预警系统可以在暴力行为发生之前，及时为受害者提供预警，帮助她们采取必要的防护措施。

同时，人工智能技术也为家暴受害者提供了一个平台，让她们的声音被更多人听到。通过智能分析和推荐系统，与家暴相关的故事和信息可以更加广泛地传播，从而引起社会的关注和反思，以及联动相关政府部门促进事情的解决，在实际中帮助女性缓解焦虑，还能推动政策的制定。比如，仿妆网络红人宇芽发文、晒视频倾诉自己被前男友家暴的事实，第二天“宇芽被家暴”的话题即登上微博热搜榜的榜首，相关话题阅读量超 11 亿。这些网络舆论中的性别议题在引发网友热议的同时也在现实中促进了政府有关部门跟进事件进展并及时解决问题，促进后续相关制度政策的推行实施。网红宇芽被家暴的舆论话题迅速引起了重庆市妇联的关注，地方妇联及时跟进事件的处置情况，并向全社会公布了热线电话帮助潜在受害的女性。这起性别议题相关的网络舆论事件的传播，不仅在事件所在地重庆产生了影响，也在全国范围内余波未消。甘肃酒泉将家暴纳入了干部选拔的参考依据，其对家暴者零容忍的态度，体现了地方探索的积极引导和示范。

总之，性别议题的网络舆论是夹杂着多种声音的混合体，以碎片化、多元化的方式再现了媒介中的女性。我们在看到网络舆论中性别议题体现了女性敢于自我发声的进步的同时，也应注意到，还有一部分人的思想观念并没有完全跟上时代的步伐。男尊女卑、男主女从的思想仍然积淀在社会文化深处，制约着社会对女性的角色期待和价值评价。联合国《变革我们的世界：2030 年可持续发展议程》17 个发展目标中第 5 个为“实现性别平等，增强所有妇女和儿童的权能”，并特别强调了“加强技术特别是信息和通信技术的应用，以增强妇女权能”。互联网技术使妇女个体的发声成为可能，还使遭受不平等待遇的妇女群体从“看不见”（Invisible）的社群变得“可见”。她们在新媒体平台上交流、团结，实现了心理治愈，在某种程度上也是“通过共情实现赋能”。而情感往往被简单地视为理性的对立面，成为传播偏向研究中批判的对象。其实网络舆情中的“理智和情感并不总是相互排斥的”。因为情感既是个人的心理体验，也是其所处社会的经济、政治与文化的产物。以上现状提醒我们，新媒体技术引发的性别秩序不平等问题在网络舆论中依然存在，性别焦虑只是一个侧面。人工智能时代，如何凝聚社会共识、消解网上焦虑，对偏见进行正面的引导和治理值得我们不断思考与探索。

扩展阅读 智能互联时代舆论治理的价值重构[①]

ChatGPT 开启了一个智能互联时代。从个人电脑（PC）互联到移动互联、再到智能互联，舆论要素发生了从传播范式到情感范式、再到关系范式的转向。在以人为主体的内部关系价值重构的传播背景下，多舆论主体的圈层化传播容易产生噪声和偏差，成为传播领域的新常态与潜在风险。本文以网络舆论中的噪声与偏差为研究对象，试图研究智能互联时代以 ChatGPT 为代表的人工智能技术对舆论治理的作用机制与实际应用，从而为未来传媒生态与舆论治理路径提供多元化的研究视角。

一、ChatGPT：一种新的舆论研究可能

ChatGPT 是由 OpenAI 团队开发的一个基于深度学习的大规模语言模型。其发展历程可以追溯到 2015 年。OpenAI 的前身——美国开放人工智能研究中心实验室（OpenAI Labs）成立后，其团队开始探索构建一个能够自动学习人类语言知识的模型。2018—2020 年，OpenAI 先后推出 GPT-1、GPT-2、GPT-3[②] 模型，从一个单向的语言模型，到目前可以生成连贯、自然的个性化对话的设计模型，被广泛运用于各种任务和场景。

在舆论研究方面，ChatGPT 技术可以发挥重要的作用。一是提高情感分析的准确性和效率。相比传统的情感分析方法，ChatGPT 能够更准确地识别和分析不同文本中的情感表达。二是改变舆论研究的方式。传统的舆论分析

① 本文节选自《传媒观察》2023年4月刘旸、喻国明撰写的《智能互联时代舆论治理的价值重构》一文。

② 2023年3月14日，OpenAI发布GPT-4。

方法往往需要人工参与，耗时费力。而ChatGPT的自动化和智能化特点使得舆论分析变得更加高效和智能化，能够更好地适应信息时代的发展趋势。有学者使用聊天机器人（Chatbot）进行数据采集和分析后发现，它能够更有效地收集用户意见和观点，并为研究人员提供更多的数据和洞见，是未来舆论研究中一种非常有前途的工具。三是促进跨语言的舆论研究。ChatGPT的多语言环境支持使得研究人员可以更加方便地进行跨语言的舆论研究，这对于全球化时代的媒体和舆论研究具有重要的意义。

二、噪声与偏差：网络舆论治理的重大课题

互联网的快速发展迭代不仅从技术层面催生了主流意识形态传播范式的变革，也在话语整合层面加剧了不同主体的舆论分化。如果缺乏治理，可能会引发社会信任危机，甚至诱发破坏性的思维与群体行动，使不信任的社会“病毒”传播开来。物理空间中存在的病毒可以通过“隔离”降低患病风险，而社会交往中的观点却会因“隔阂”而产生偏见，偏见酝酿冲突，成为社会发展在传播领域中的一种新常态与潜在风险。因此，噪声与偏差在网络舆论治理中的发现与应用，不仅为政府部门和企事业单位应对负面舆情事件提供了可能的解决路径，也成为关涉新时期意识形态工作能否顺利开展的重大课题。

噪声是信息学者香农和韦弗在《传播的数学理论》一文中提出的概念，本文中特指网络舆论中一些无效信息或者冗余信息。这个概念既包括技术噪声又包括语义噪声。网络舆论中的噪声多了，必然产生认知偏差的结果。偏差是网络舆论中一些主观的或者错误的观点，其反映的是公共舆论与客观现实的偏离程度。比如，虚假编造的谣言、极端偏激的观点、人身攻击的网络暴力和博取眼球的低俗内容等。这些噪声与偏差的存在，不仅影响对舆论的正确分析，更可能导致错误的舆情判断与引导方式。

（一）噪声来源：舆论主体话语“冗余”或“失语”

噪声有一个简单的判断标准，就是对这个信息的理解是否符合传播者的

本意。无论信源的“话语冗余”“频频失语”，还是网络平台的“挟技居奇”，都是造成舆情事件“噪声”的来源，偏见也随之产生。例如，2022 年 11 月 14 日，G20 峰会上，以美联社为首的西方媒体发文称俄罗斯外长拉夫罗夫在抵达印尼巴厘岛后，因“心脏问题”被紧急送往医院，目前正在接受治疗。拉夫罗夫为了证明身体健康，公开了一段自己正在看文件的视频。原本视频的发布意味着一场论战的结束。然而，画面中的一个小细节又被西方媒体抓住不放并频频提出质问，他们称俄罗斯外长佩戴了“苹果智能手表”，宣扬俄方高层是“苹果粉”。拉夫罗夫辟谣健康问题却没想到牵连出新的“噪声”。之后，《俄罗斯报》出面澄清他佩戴的是“华为智能手表”，这场舆论风波才告一段落。又如，美国的社交网络平台推特（Twitter），将大量开设在该平台上的中国媒体账号关闭，包括直播大熊猫生活的“iPanda”账号，它们都被打上“中国政府官方媒体”的标签，甚至关闭了数十万家与中国政府相关的账号。中国主流媒体在境外社交平台上的集体“失语”，使得 Twitter 上涉及中国香港、中国台湾、新型冠状病毒感染话题的噪声与偏见甚嚣尘上。整个传播环节中，信息可能受到来自不同方向的噪声干扰，从而产生变化乃至失真。这些舆情事件说明噪声不仅来自信息传输的内容本身，还来自外部环境因素的干扰。

（二）受众“圈层化”认同加剧观点极化

群体传播中的信息级联（Information Cascade）与群体极化（Group Polarization）加剧了观点认同。这是因为在泛政治化、泛娱乐化的网络舆论环境中，噪声在社交媒体的回声室（Echo Chamber）与过滤气泡（Filter Bubble）等负面效应加持下，逐渐演化为“部落化小圈子”中不断发酵的信息与情绪宣泄的观点。狭窄的圈层认同，被误认为社会认同，并通过网络舆论进一步放大，偏见随之产生。具体而言，信息级联是一个人在作出决策时，会参考周围其他人的决策和行为。在群体传播中，信息级联体现在当一个人在社交媒体上发表一条言论，会引发其他人的回应和转发，从而引起更多人的关注和参与。信息级联的效应不仅会造成信息的扩散和强化，也可能会导致“群体极化”现象。比如，2020 年美国总统选举期间，社交媒体上的信息级联使得支持不同候选人的选民陷入深度分裂和极化状态。选民在社交媒体上经常看到自己所支持的候选人和政党的信息，这些信息会引导选民更加坚定地支持他们原本的立场和观点。在选举结果出来之后，一些选民对选举结果的合法性表示怀疑，甚至导致了一些争议和暴力事件。这个案例表明了信息级联的影响——人们在群体中相互交流和影响，从而使得个人的观点和态度趋于极端化。

（三）舆论传播过程中产生的三种偏差类型

诺贝尔经济学奖得主丹尼尔·卡尼曼在《噪声》一书中认为偏差和噪声是人类依据因果关系的偏好思维进行判断的两类错误。由于我们平时大多数情况下生活在事情虽无法预测，但可以被理解的“常态谷”（Valley of the Normal）中。事情虽无法预测，但我们几乎总是能在事后找到解释原因。

网络舆论偏差通常具有结论性、替代性与过度一致性三个特征。一是结论性偏差。例如，日本前首相安倍晋三遇刺身亡之后出现了“调侃”等多元的舆论杂音。这是由于部分网民基于相似性的事件进行判断，将对日本侵略之恨带到现在的和平年代，结论性偏差由此产生。二是替代性偏差。国际舆论事件发生后，我们的网络舆论也反映出人们当下的社会心态。三是过度一致性偏差。2022 年北京冬奥会成功举办，而部分西方媒体仍固守偏见、扭曲事实，传播舆论噪声。美联社以“人造雪”为由谎称北京冬奥会不够环保、易发生危险，把首钢滑雪大跳台旁冷却水塔描述成“核电站”，还有的声称点火的主火炬手和点火方式的创新是在炒作某种身份。西方媒体放大对中国国家形象的初始印象，产生的正是过度一致性偏差的结果。

综上，舆论主体的话语“冗余”或“失语”、舆论受众的圈层化极化的群体传播，以及传播过程中产生的结论性、替代性和过度一致性偏差，都是此前网络舆论治理中出现噪声和偏差的原因和难点所在。目前政府与企业就进行舆论治理已经开展了一系列行动。2022年，中央网信办开展推进“清朗”系列专项行动，包括技术和意义两个层面的噪声治理。在技术层面，整治误导公众的账号标识、“僵尸”粉、机器粉、“算法歧视”、违规弹窗推荐等，涉及账号运营、算法推荐、应用程序等；在意义层面，加大对网络暴力、封建迷信、拜金炫富等相关的内容整治，全面清理涉及政治经济、文化历史和民生科普等领域的谣言信息。网络平台也进行了一些有益的探索。比如，推特为了消除“口罩对防护病毒没有效果”等谎言，增加了一个新功能：当用户搜索与疫苗有关的信息时，将自动发布一则请求他们前往权威公共卫生网站的提示。YouTube则删除了如“疫苗会致人死亡、导致不孕”“接种疫苗时会把微芯片植入人体内”等与当地卫生官员或世界卫生组织专家共识相悖的言论以及含有虚假信息的视频。国内互联网平台会向已经看过谣言视频的用户推送基于人工智能和大数据的“精准辟谣”“精准推荐”等。

三、纠正噪声与偏差：ChatGPT的作用机制与实践应用

ChatGPT作为一种AI技术，具有较强的纠正舆论中噪声与偏差的能力。它以深度学习的方式不断为文本的生成注入“以人为本”的新要素，打破过去AI有限度、有圈层的传播状态，以无界的方式与开放的姿态全面融入人类的传播实践之中，并呈现出对关系因素、情感因素的学习和融合，将对噪声与偏差的舆论治理机制产生变革作用。

ChatGPT纠正舆论中噪声与偏差的能力，主要是基于其强大的自然语言处理技术。通过对舆论数据的大规模学习，ChatGPT可以理解语言的含义，进而对文本进行理解和分析，自动地检测出舆论中的噪声和偏差，减少人为因素的干扰，提高分析结果的准确性。同时，它还可以针对特定的舆论问题，自动生成不同角度的文章，引导舆论的发展方向，甚至自动生成答案，快速解答网民的提问，避免出现不准确的答案，从而更好地纠正舆论中的偏差。其能力具体体现在情感识别、信息过滤与趋势预测三个方面。

（一）情感识别：判断情感倾向和调整报道角度

ChatGPT 可以用于情感识别，即分析舆论事件中的情感极性（如正面、负面、中性等），以便更好地了解公众对事件的情感态度。一些新闻机构用它进行情感分析，了解公众对新闻报道的情感倾向，进而调整新闻报道的内容和角度，以提高新闻报道的可读性和影响力。比如，在 2021 年东京奥运会期间，英国广播公司收集了大量关于奥运会的新闻报道和社交媒体评论，并使用 ChatGPT 进行情感分析。研究结果显示，英国观众对于奥运会的情感态度倾向于中性和积极情感，其中赛事的结果和表现、运动员的故事和成就等方面更容易引起观众的兴趣和情感共鸣。通过分析公众的情感态度，英国广播公司可以更好地了解英国观众对于奥运会的情感需求和兴趣点，以优化报道的方向，更好地满足观众的需求，提高传播的效果。

（二）信息过滤：防止负面舆论扩散与信息污染

信息过滤功能主要是帮助用户从大量的信息中筛选出与用户需求相关的信息，以降低信息过载带来的负面影响。同时，该技术通过识别和过滤不相关或低质量的信息，进一步提高信息过滤的精度和效率。这对于防止负面网络舆论的扩散和信息污染非常重要。一些新闻机构正在使用这项技术自动过滤掉与话题无关的内容，通过分析新闻报道的语言风格、情感和内容等特征，帮助记者快速地搜索和筛选与特定话题或事件相关的新闻报道，提高新闻报道的效率和准确性。比如面对突发公共卫生事件时，ChatGPT 可以帮助医疗专家和公共卫生官员过滤和管理涉及疫情的信息，提高信息的准确性和及时性，帮助防止虚假信息和恐慌情绪的传播。这些案例展示了其信息过滤功能在不同领域和场景中的应用和价值，对于提高信息质量、减少虚假信息的传播、促进网络舆论的治理都具有重要的作用。

（三）趋势预测：提前预警危机和保障社会稳定

ChatGPT 除了可以用于情感识别和信息过滤等应用之外，还可以用于预测网络舆论事件的发展趋势和可能的结果。比如，2019 年美国中央情报局推出了一款名为“Soup”的自然语言处理系统，使用大规模的无监督学习算法对海量的社交媒体数据进行建模和训练。该系统可以对大量的社交媒体数据进行情感分析、实体识别、主题提取等多方面的分析，并用来预测全球范围内可能引发社会动荡的事件，包括暴力事件、政治动荡、自然灾害等。当时南非一家电力公司提高了电价，“Soup”系统在分析南非社交媒体数据时，发现有很多用户在表达不满和愤怒情绪，甚至有一些用户提出了组织罢工和示威的呼吁，系统预测了可能会有更多的抗议和示威事件发生。南非政府依据预测结果和数据分析，提前采取了一些应对措施，避免了可能会发生的社会危机。这个案例说明了基于大数据、AI 技术的舆论分析和预测模型，可以帮助政府、企业和公众更好地了解社会动态、预测未来趋势，更有效地防范、管理社会风险，保障社会稳定和安全。

总之，ChatGPT 是一个持续发展的 AI 技术，展望未来，它能够提供更高效的舆论分析、更准确的情感分析、更精细的文本生成、更广泛的应用场景和更个性化的应用。从全球来看，越来越多的大学和研究机构开始设置关于 ChatGPT 和舆论治理的课程，尤其是在 AI 和机器学习领域的专业。比如，斯坦福大学开设了名为“AI 与社会影响”的课程，该课程涵盖了机器学习和自然语言处理等技术在社交媒体舆论分析和治理中的应用；麻省理工学院开设了名为“社会公益的数据科学”（Data Science for Social Good）的课程，该课程的重点是机器学习和数据分析技术在社会问题解决和公共政策制定中的应用，包括舆论治理方面；哥伦比亚大学计算机科学系和新闻学院联合开设了名为“计算新闻学”（Computational Journalism）的课程，其中包括了机器学习和自然语言处理技术在新闻报道、舆论分析方面的应用；加利福尼亚大学伯克利分校开设了名为“应用自然语言处理”（Applied Natural Language Processing）的课程，该课程涵盖了机器学习和自然语言处理技术在舆论分析和舆论治理中的应用。这些课程的设置，反映了 ChatGPT 在舆论治理和分析中的重要性和应用前景，以及在学术和实践领域受到的广泛关注和研究。

目前，ChatGPT 的发展为舆论研究提供了新的工具和思路，将会在未来的舆论分析中发挥更加重要的作用，为决策者提供更加准确和全面的分析结果，从而更好地指导决策，进而对新闻传播领域的研究和实践产生深远的影响。同时，我们也应注意的是，ChatGPT 作为一种自然语言处理技术，仍然有其局限性。当面对某些主观性较强、复杂度较高的问题时，其准确性和可靠性仍有待提高。此外，舆论的产生和演化受到多种因素的影响，仅依靠技术手段很难完全纠正舆论中的噪声和偏差。因此，ChatGPT 在舆论研究和治理中的应用仍需结合其他手段和方法进行。总的来说，ChatGPT 在舆论研究方面的应用还处于初步阶段，未来还需要更多的专家和学者投入这一领域，以探索其在舆论分析、舆论治理等方面的应用和潜力。

参考文献

[1] 刘利群．可见与不可见——社会性别视角下的中国媒介与女性［J］．现代传播（中国传媒大学学报），2013，35（02）：35-38.

[2] 曹晋，代诗眸．“赋权”抑或“负权”：传播新科技与社会性别权力关系的建构研究［J］．新闻与写作，2022（11）：5-17.

[3] 叶明睿．竞合与共谋：2018-2019 年突发热点舆情中网络用户参与形态与特征研究［J］．新闻与写作，2020（03）：40-47.

[4] 张敬婕．制作出性别敏感的新闻是否可能？——基于对北京市 10 家媒体机构 40 位媒体从业者的深访［J］．现代传播（中国传媒大学学报），2016，38（02）：67-71.

[5] 孙玮，李梦颖．“可见性”：社会化媒体与公共领域——以占海特“异地高考”事件为例［J］．西北师大学报（社会科学版），2014，51（02）：37-44. DOI：10.16783/j.cnki.nwnus.2014.02.007.

[6] Dayan D .Comm Research—Views from Europe| Conquering Visibility, Conferring Visibility: Visibility Seekers and Media Performance［J］. International Journal of Communication, 2013, 7:17. DOI:1966.

[7] 张学标，严利华．大众传播媒介、公共领域与政治认同［J］．新闻与传播评论，2009，（00）：57-65+259+265-266.

[8] 孙凝翔，韩松．“可供性”：译名之辩与范式 / 概念之变［J］．国际新闻界，2020，42（09）：122-141. DOI：10.13495/j.cnki.cjjc.2020.09.007.

[9] 刘旸．新媒体与女性赋权增能：性别传播视角下的机制、效能与反思［J］．中华女子学院学报，2021，33（02）：72-77. DOI：10.13277/j.cnki.jcwu.2021.02.009.

[10] 黄旦．舆论：悬在虚空的大地？——李普曼《公众舆论》阅读札记［J］．新闻记者，2005（11）：68-71.

[11] 唐雪梅，赖胜强．情绪化信息对舆情事件传播的影响研究［J］．情报杂志，

2018，37（12）：124-129.

[12] 隋岩，李燕．论群体传播时代个人情绪的社会化传播［J］．现代传播（中国传媒大学学报），2012，34（12）：10-15.

[13] 袁光锋．公共舆论中的“同情”与“公共性”的构成——“夏俊峰案”再反思［J］．新闻记者，2015（11）：31-43. DOI：10.16057/j.cnki.31-1171/g2.2015.11.004.

[14] 宋凯，袁奂青．后真相视角中的网民情绪化传播[J]. 现代传播（中国传媒大学学报），2019，41（08）：146-150+156.

[15] 陈阳．碎片化的女性新闻：对《中国妇女报》的内容分析（1990—2002）［J］．妇女研究论丛，2006（04）：57-62+72.

[16] 汉娜·阿伦特．人的条件［M］．竺乾威等，译．上海：上海人民出版社，1999.

[17] 刘利群．社会性别与媒介传播［M］．北京：中国传媒大学出版社，2004.

[18] 沙莲香．社会心理学（第二版）［M］．北京：中国人民大学出版社，2006.

[19] 哈罗德·伊尼斯．传播的偏向［M］．何道宽，译．北京：中国人民大学出版社，2003.

[20] 林郁沁．施剑翘复仇案：民国时期公众同情的兴起与影响［M］．陈湘静，译．南京：江苏人民出版社，2011.